Livro-reportagem

COLEÇÃO COMUNICAÇÃO

Coordenação
Luciana Pinsky

A arte de entrevistar bem Thaís Oyama
A arte de escrever bem Dad Squarisi e Arlete Salvador
A arte de fazer um jornal diário Ricardo Noblat
A imprensa e o dever de liberdade Eugênio Bucci
A mídia e seus truques Nilton Hernandes
Assessoria de imprensa Maristela Mafei
Comunicação corporativa Maristela Mafei e Valdete Cecato
Correspondente internacional Carlos Eduardo Lins da Silva
Escrever melhor Dad Squarisi e Arlete Salvador
Ética no jornalismo Rogério Christofoletti
Hipertexto, hipermídia Pollyana Ferrari (org.)
História da imprensa no Brasil Ana Luiza Martins e Tania Regina de Luca (orgs.)
História da televisão no Brasil Ana Paula Goulart Ribeiro, Igor Sacramento e Marco Roxo (orgs.)
Jornalismo científico Fabíola de Oliveira
Jornalismo cultural Daniel Piza
Jornalismo de rádio Milton Jung
Jornalismo de revista Marília Scalzo
Jornalismo de TV Luciana Bistane e Luciane Bacellar
Jornalismo e publicidade no rádio Roseann Kennedy e Amadeu Nogueira de Paula
Jornalismo digital Pollyana Ferrari
Jornalismo econômico Suely Caldas
Jornalismo esportivo Paulo Vinicius Coelho
Jornalismo internacional João Batista Natali
Jornalismo investigativo Leandro Fortes
Jornalismo político Franklin Martins
Jornalismo popular Márcia Franz Amaral
Livro-reportagem Eduardo Belo
Manual do foca Thaïs de Mendonça Jorge
Manual do frila Maurício Oliveira
Manual do jornalismo esportivo Heródoto Barbeiro e Patrícia Rangel
Os jornais podem desaparecer? Philip Meyer
Os segredos das redações Leandro Fortes
Perfis & entrevistas Daniel Piza
Reportagem na TV Alexandre Carvalho, Fábio Diamante, Thiago Bruniera e Sérgio Utsch (orgs.)
Teoria do jornalismo Felipe Pena

Livro-reportagem

Eduardo Belo

Copyright © 2006 Eduardo Belo

Todos os direitos desta edição reservados à
Editora Contexto (Editora Pinsky Ltda.)

Montagem de capa
Antonio Kehl

Diagramação
Gustavo S. Vilas Boas

Revisão
Celso Campos Jr. e Ruy Azevedo

Dados Internacionais de Catalogação na Publicação (CIP)
(Câmara Brasileira do Livro, SP, Brasil)

Belo, Eduardo
Livro-reportagem / Eduardo Belo. – 2. ed. – São Paulo :
Contexto, 2025. (Coleção comunicação)

Bibliografia.
ISBN 978-85-7244-335-7

1. Livro-reportagem I. Título

06-4300 CDD-070.433

Índices para catálogo sistemático:
1. Livro-reportagem : Jornalismo 070.433

2025

EDITORA CONTEXTO
Diretor editorial: *Jaime Pinsky*

Rua Dr. José Elias, 520 – Alto da Lapa
05083-030 – São Paulo – SP
PABX: (11) 3832 5838
contato@editoracontexto.com.br
www.editoracontexto.com.br

Proibida a reprodução total ou parcial.
Os infratores serão processados na forma da lei.

SUMÁRIO

APRESENTAÇÃO 7

CAPÍTULO I
Descaminhos da reportagem 9
Uma alternativa 14

CAPÍTULO II
Um pouco de história 19
Revolução industrial e urbanização 19
Efeitos de guerra 22
Novidade à moda antiga 24
O Brasil entra na onda 28
Crise econômica e de identidade 32

CAPÍTULO III
Jornalismo de profundidade 37
Avalanche de notícias 37
Conceito 41
A não ficção 43
Análise 46

CAPÍTULO IV
Manancial quase inexplorado 53
Pequeno, mas promissor 53
Crise em papel 55
Subgêneros 61
Sobrevivência 63

CAPÍTULO V
Teoria é bom, mas prática é melhor 67
    Formação 67
    Ética 70
    Pauta 75
    Projeto 78
    Custo 81
    Apuração 86
    Pesquisa 93
    O drama das estatísticas 96
    Entrevista 100
    Texto 118
    Edição 124

CAPÍTULO VI
Hiroshima: uma aula de jornalismo 127

BIBLIOGRAFIA COMENTADA 135

AGRADECIMENTOS 141

APRESENTAÇÃO

> *Livros não mudam o mundo,*
> *quem muda o mundo são as pessoas.*
> *Os livros só mudam as pessoas.*
> Mario Quintana.

Esta obra foi concebida inicialmente não como livro, mas como uma palestra para estudantes de jornalismo de uma universidade paulista empenhados em escrever livros-reportagem para seus trabalhos de conclusão de curso – TCCs. Razões alheias à vontade do autor causaram uma série de adiamentos, ao fim dos quais problemas com o calendário de aulas impediram que a palestra fosse realizada. Mas o contato com uma parcela dos estudantes mostrou haver enorme interesse pelo processo de elaboração, produção e edição de reportagem em livro. Daí nasceu a ideia de compartilhar uma parte da experiência profissional com esse público. O roteiro da palestra começou, então, a ser adaptado para o presente trabalho.

Impossível falar de livro-reportagem sem falar – e muito – de reportagem e jornalismo. Por isso, esta obra acaba transitando pela periferia de uma série de questões centrais do jornalismo, na tentativa de criar um panorama compreensível sobre a profissão e situar nele o papel do livro como veículo jornalístico. Era intenção mostrar a experiência do dia a dia aplicada ao livro-reportagem.

Os conceitos aqui emitidos são fruto de experiência de 21 anos de trabalho em redações (jornal, revista e internet), assessoria de imprensa e diferentes etapas da produção de livros – jornalísticos ou não – como autor e como profissional de editora. Este não é um trabalho acadêmico no sentido clássico do termo. Não pretendo polemizar com obras e autores anteriores. Ao contrário. Foram meu ponto de partida. Sinto-me particularmente feliz e agradecido pela oportunidade de rever conceitos e práticas pessoais e profissionais. Espero que os objetivos tenham sido atingidos, sobretudo o de contribuir minimamente para a reflexão e o debate nesta profissão tão carente de rumos. Convido os eventuais leitores a uma análise crítica do conteúdo deste livro.

O autor

CAPÍTULO I

Descaminhos da reportagem

Logo que chegou à redação, pela manhã, Igor, repórter com pouco mais de dois anos de experiência na editoria de geral de um grande jornal paulistano, recebeu do chefe de reportagem a incumbência de correr para um bairro da periferia, na zona sul de São Paulo. A missão era simples: apurar os detalhes de uma chacina que pôs fim à vida de sete pessoas, quatro da mesma família, em uma conhecida favela da região.

Cobertura policial não é a especialidade de Igor. Normalmente, esse tipo de assunto ficava a cargo de um veterano repórter, que conhecia cada distrito policial da cidade, estava familiarizado com os métodos de investigação e sabia o nome de todos os delegados. Mas Igor não é do tipo que rejeita tarefa. Ao contrário. Abraça qualquer pauta que lhe caia no colo. Entusiasma-se facilmente com a apuração. Mesmo nas matérias mais simples, entrega-se tão intensamente ao trabalho que em geral acaba criando um problema para o editor do caderno: arrumar espaço no jornal para publicar as boas histórias levantadas pelo jovem repórter.

Em segundos, Igor já "entrevistou" o pauteiro para pegar os detalhes da chacina, apanhou seu bloco de anotações, pediu um celular do jornal para a área de apoio à redação e desceu correndo até o pátio onde fica a frota que atende à reportagem. Desceu pelas escadas, para não perder tempo.

- Bom dia, seu Manoel. Toca pra favela do Alho, voando, que tem notícia boa.
- É para já, chefia.

O velho motorista, há mais de trinta anos no jornal, gosta de ver o entusiasmo do rapaz. Desde a primeira vez que conduziu o jovem repórter, deixou-se contagiar pela paixão com que ele se dedica ao trabalho. Nos últimos dois anos, cansou de repetir uma frase que já estava deixando alguns profissionais mais velhos com ciúme:

– Era de gente assim que esse jornal estava precisando.

Tão logo conseguiu desvencilhar-se do duro trânsito matinal, o repórter chegou ao local da chacina ainda a tempo de ver os corpos esticados em uma viela e no interior de um barraco. O carro do Instituto Médico Legal, que faria a remoção, ainda não havia chegado. Igor estranhou muito que, com tantos corpos espalhados, o número de curiosos fosse tão pequeno. E foi ficando cada vez menor na medida em que os carros da imprensa chegavam.

Depois de fazer uma inspeção visual pelas imediações, o repórter passou a buscar informação. Sabia que não dava para fazer entrevistas formais num ambiente como aquele e procurou conversar com alguns vizinhos para colher as primeiras impressões sobre o crime. Temerosos em revelar detalhes e ver suas vidas transformadas em um inferno ainda maior, poucas pessoas se dispuseram a falar com os jornalistas. Dos que falaram, o máximo que ofereceram foram informações esparsas, fragmentadas. Embora aquela não fosse sua praia, Igor sabia que aquele tipo de apuração seria assim mesmo. Continuou garimpando.

Em pouco tempo, descobriu que, dos sete mortos, quatro tinham problemas com os traficantes da região. Dois haviam dado demonstrações públicas de incômodo com o poder paralelo dos criminosos. O ultimo, aparentemente, estava no lugar errado, na hora errada. Viu e ouviu o que não devia e entrou para o que o jargão do mundo do crime chama de "queima de arquivo".

Quando o furgão do IML chegou, a rua já estava lotada de repórteres de jornais e rádio. Havia até duas equipes de TV, de emissoras concorrentes, ambas de programas vespertinos especializados no retrato da violência urbana. O investigador que cuidava do caso fez questão de gravar entrevistas para os dois programas, em separado. Teve até o cuidado de usar algumas frases diferentes para dizer, em resumo, que a polícia já estava na pista dos criminosos, mas que não podia entrar em detalhes, para não prejudicar as investigações.

Embora polícia não fosse sua especialidade, Igor já ouvira aquela conversa antes. Provavelmente, o investigador estava mentindo. Sabia que aquele caso, como tantos outros, cairia no esquecimento em poucos dias. Com os antiquados métodos de investigação e os equipamentos precários de que dispunha, a polícia não fazia uma ideia assim tão exata de quem cometera os assassinatos. Havia uma clara relação da chacina com o tráfico de drogas, conforme todos os jornalistas presentes descobriram em quinze minutos de apuração, mas os policiais encarregados do caso também não sabiam muito mais do que isso.

Ao perceber que não obteria informações muito mais relevantes ali, Igor percorreu as ruas próximas. Procurou conversar um pouco com os donos e frequentadores dos raros pontos comerciais abertos – em geral, o comércio baixa as portas, em "respeito", quando o mundo do crime resolve agir na "comunidade". Quem sabe longe do burburinho conseguisse alguém corajoso o bastante para dar uma pista. Mas ninguém sabia de nada. Ninguém havia visto nada. O passo seguinte foi passar na delegacia para apanhar detalhes sobre a situação das vítimas e conversar com o delegado. Não esperava que conseguisse algo muito concreto sobre os rumos da investigação, mas não custava tentar.

A ida à delegacia também não deu em nada, e Igor voltou cedo para o jornal. Até dispensou o almoço. Pediu um lanche para comer na redação. Sua ideia era pesquisar, pela internet e no arquivo da publicação, algo mais sobre as chacinas ocorridas aquele ano em São Paulo, especialmente as daquela região. Lembrava-se, vagamente, de já ter visto a favela do Alho no noticiário recente.

O resultado da pesquisa o surpreendeu. As chacinas na favela do Alho eram frequentes. Oito meses antes, o mesmo investigador que dera entrevistas naquela manhã para as equipes de TV havia dito que a polícia "estava no encalço" do traficante conhecido como "Chambinho", apontado como responsável pelo tráfico na favela. O traficante estava citado em várias reportagens. Havia assumido o comando da área há pelo menos cinco anos.

As reportagens já publicadas e a pesquisa na internet não eram muito precisas. Havia apenas indícios de que as seguidas matanças coletivas estavam ligadas à ação do tráfico, mas nenhum elemento concreto. Mesmo assim, as informações davam uma bela pista do que poderia estar acontecendo por ali.

Ainda mastigando o último naco do sanduíche, o jovem repórter resolveu procurar o editor, que, ocupado com uma reunião, o despachou para o editor-assistente.

— Eu tava pensando, dava pra fazer uma matéria legal, mostrando que têm ocorrido chacinas sistematicamente naquela região. Dá pra ouvir alguns especialistas e, se a gente apurar direito, dá até pra saber algumas das causas...

O assistente não se comoveu com sua empolgação. Nem o deixou concluir o raciocínio.

— Não inventa, Igor. Faz logo 30 centímetros disso que eu preciso de você pra outra coisa. A prefeita vai dar uma coletiva pra falar do novo plano diretor...
— Você quer que eu vá à coletiva?
— Não. O Hamilton vai. Eu quero você em contato com ele pra ver o que a prefeita vai dizer. A oposição na Câmara está furiosa com esse projeto, porque ele permite a construção de uma porção de coisas que hoje não pode. Interfere na lei de zoneamento. Os vereadores estão querendo barganhar alguma coisa e estão dando a desculpa de que o projeto é prejudicial à cidade...

Igor não gostou nada daquela conversa. Pretendia fazer uma matéria boa, de fôlego, sobre as chacinas da favela do Alho – que há ao menos cinco anos os jornalistas vinham perdendo a oportunidade de fazer.

— Pô, manda outro. Acho que essa história aqui pode render.
— Igor, caramba! Não tem outro. Além do mais, ninguém liga pra essas chacinas. Faz uma matéria pro dia com as informações que você tem. Depois a gente vê se dá uma especial.

Mesmo achando que seu chefe estava errado, Igor resolveu cortar a discussão ali. Até para não perder mais tempo. Escreveu seus 30 centímetros, mais tarde cortados para 22 na edição, e partiu para a burocrática tarefa de ligar para uma porção de vereadores da oposição. Mas a história não lhe saía da cabeça. Resolveu investigá-la melhor.

Nos dias seguintes, voltou a procurar a chefia para discutir uma suíte daquele caso. O máximo que conseguiu foi o compromisso do editor de ganhar um tempo fora da pauta diária, "quando desse", a fim de dar uma olhada na história. O chefe esqueceu-se logo do compromisso. Sempre que era dele lembrado, alegava a urgência do dia a dia. Achava que, em pouco tempo, conseguiria sepultar aquela matéria.

A diferença de Igor para a maioria dos seus colegas de redação era que ele não desistia facilmente. Juntando os pedaços da história, apurando aos poucos, entre uma matéria burocrática e outra e até nos dias de folga – quando trabalhava em casa, para não correr o risco de ser capturado para alguma tarefa "urgente" –, o jovem jornalista foi descobrindo enorme teia de conexões entre as várias chacinas. O método empregado pelos assassinos eram quase sempre os mesmos. Os crimes eram mais frequentes entre os dias 10 e 15 de cada mês, época em que a maioria das pessoas recebe seu salário, o que levou o repórter a deduzir que podiam estar relacionados ao não pagamento de dívidas. Também descobriu que quem fugia dos traficantes era perseguido e levado para morrer na favela, a fim de "servir de exemplo". Havia pelo menos três casos assim, cuja cobertura no jornal havia se limitado a uma nota no dia seguinte.

Coberto de detalhes, Igor novamente levou a história para uma reunião de pauta. Editor e pauteiro ouviram a proposta com má vontade. Trataram de despejar um balde de água fria assim que o repórter sugeriu que precisaria de tempo para realizar a apuração.

– O jornal não tem tempo nem dinheiro pra ficar perdendo com uma apuração desse tamanho, Igor – cortou o chefe de reportagem. – Por que você não propõe alguma coisa mais factível? Deixa a investigação policial a cargo da polícia.

Alguns veteranos riram, e a reunião prosseguiu. O jovem repórter nem sequer ouviu as pautas que os outros colegas sugeriram. Acabara de ter uma ideia e estava totalmente concentrado nela. Só despertou do transe quando um velho repórter propôs uma reportagem especial para a edição do próximo domingo e disse:

– Só que essa matéria é muito trabalhosa. Preciso de alguém pra me ajudar a apurar rápido. Não quer entrar nessa comigo, Igor?
– Hã? Han, han! Entro, entro, claro.

Concordou sem ao menos saber do que se tratava. Estava preocupado com a apuração de sua reportagem. Decidira publicá-la em livro.

UMA ALTERNATIVA

A história contada anteriormente é um exercício de imaginação. Igor, Manoel e favela do Alho foram nomes escolhidos aleatoriamente. As cenas descritas não ocorreram de fato. Mas poderiam. São parte da rotina de violência e tensão social das grandes cidades. É raro que apareçam nos jornais, a não ser nos populares. Quando aparecem, são tratadas como fatos isolados. Sem ligações com a vida das pessoas. Sem uma análise mais detida do que representam para o tecido social.

Diariamente, os veículos desprezam o acompanhamento de boas histórias. No caso específico da violência, houve uma banalização tão grande, nos anos recentes, que em muitos casos o tema já não é mais notícia. Mas a cobertura da imprensa, de modo geral – do noticiário local à política, do esporte à economia – tem se tornado cada vez mais burocrática e superficial, obrigando os profissionais interessados na reportagem a procurar caminhos alternativos.

As alegações são quase sempre as mesmas: falta tempo e dinheiro para investir na apuração, espaço para publicar e leitores dispostos a digerir reportagens longas. Parte dessa constatação é verdadeira. Mas só uma parcela do que é verdade tem se mostrado inteiramente exata. De fato, os veículos impressos, hoje, no Brasil, encontram-se em crise de identidade e de receita. Dispõem de pouquíssimo poder de fogo para bancar extensa e qualificada equipe de repórteres, voltada prioritariamente para a apuração de boas matérias, salvo exceções raras e honrosas. Com edições reduzidas e equipes limitadas, fica difícil abrigar tantos assuntos, ainda mais com qualidade.

A mídia impressa brasileira – em especial os jornais – há muito vem penando numa competição desigual com outros meios de comunicação. Pretende concorrer com a televisão, o rádio e a internet. As redações continuam trabalhando como se os jornais fossem o principal fornecedor de informações ao público, a exemplo do que acontecia até o advento do rádio e a massificação da TV. Os veículos impressos perderam esse status há muito, mas nem todos se deram conta. O que não deixaram de ter, ainda, é a aura de credibilidade e profundidade que os outros meios não têm. Pelo andar das várias carruagens, talvez esse trunfo não dure mais muito tempo.

As pessoas podem informar-se por diferentes veículos, muitos deles gratuitos. Mas quando se dão ao trabalho de assinar um jornal – ou comprar na banca –, estão dando clara demonstração de que querem algo diferente do que encontram em outras mídias. Pode ser a tal da credibilidade ou a pretensa profundidade que a imagem do meio carrega. Ou simplesmente o prazer de uma boa leitura.

Esse desencontro entre o anseio do público e o produto que a mídia impressa oferece tem sido responsável por uma série de equívocos. O maior deles talvez seja o mito de que o leitor não gosta de ler – associado, quase sempre, à ideia de que esse mesmo leitor não quer saber de histórias longas e não tem tempo para isso. Se é um leitor, por que não leria?

Ao dar vazão livre a esse tipo de conceito, o jornalismo joga contra seu próprio interesse. O jornalista é, antes de tudo, um profissional que escreve. Tanto que alguns são também escritores – diferença sutil, como se verá mais adiante. Até o texto do rádio e da televisão, antes de chegar ao espectador, em geral passa antes pelo papel ou no mínimo por uma tela de computador. Mesmo a internet, com todos os seus recursos gráficos, de som, imagem e movimento, é essencialmente escrita. Todas as evidências são de que o texto, impresso ou eletrônico, continuará fazendo parte da vida humana por algum tempo. Ainda não se inventou meio de comunicação mais eficaz, duradouro e seguro que a escrita.

Olhando por esse ângulo, fica fácil perceber que a dificuldade por que passa a mídia impressa no Brasil – e em parte do mundo – é menos uma crise da comunicação escrita do que um problema de identidade. Jornais e, em menor grau, revistas, ainda não encontraram um caminho adequado para sobreviver na era da informação eletrônica, massificada e quase imediata. Ao mesmo tempo, têm sistematicamente deixado de lado um de seus maiores diferenciais em relação às mídias eletrônicas: a reportagem.

Culpa dos jornalistas? Não inteiramente. Mas seria no mínimo ingênuo negar nossa parcela de responsabilidade. Claro que todos – do repórter ao editor, passando pelo chefe de reportagem, o redator e o fotógrafo – são profissionais contratados para desempenhar funções específicas. Alguns exercem cargos de confiança. Têm de prestar contas de suas escolhas à direção do veículo que os emprega. Esse é um fator que tolhe bastante a liberdade. Mas o pior é que muitos profissionais, receosos da eventual reação das empresas, desiludidos com os rumos do jornalismo ou simplesmente acomodados não se dispõem a qualquer ousadia. Se no meio acadêmico e nas mesas de bar esse modelo tem sido questionado, no interior das redações prevalece o silêncio.

Essa concepção de jornal "enxuto" e que repete em sua maioria as notícias que o público já viu na TV ou na internet no dia anterior (nem sempre com tratamento mais profundo) está, pouco a pouco, sufocando os veículos comercialmente – e, por consequência, banindo a reportagem dos periódicos. Hoje, na mídia impressa, ela praticamente só sobrevive em parte das revistas, em alguns diários com edições dominicais mais alentadas e em cadernos especiais esporádicos – isso quando esses cadernos não servem apenas a interesses comerciais, o que faz do texto jornalistíico uma mera moldura de anúncio. Publicações especializadas, como os jornais econômicos, têm proporcionalmente mais reportagem que os diários gerais. O problema é que atingem a um público restrito e normalmente trabalham com uma gama limitada de assuntos. Mesmo nas publicações em que subsistem, premidas pelo cronograma industrial de fechamento, nem sempre as chamadas matérias "de fôlego" são concebidas e produzidas com o rigor e a calma necessários.

Quem quer se envolver com o trabalho de reportagem e não trabalha em uma das raras publicações que estimulam essa prática nem alcançou um status profissional que permita nadar contra a corrente do texto curto, superficial e muitas vezes burocrático, tem poucas alternativas. Ou tenta ganhar a vida como free-lancer, escolhendo o tipo de trabalho que quer assinar e enfrentando a desgastante tarefa de "vender" suas pautas às redações, ou parte para o caminho escolhido por Igor: buscar a sorte no livro.

A vida de free-lancer não é muito fácil no Brasil. Principalmente depois da crise de 2000/2001, o mercado viu-se saturado pela demissão de centenas – talvez milhares – de profissionais. A oferta de mão de obra é grande. Falta demanda. Como não há tantos veículos oferecendo reportagens ao público, o caminho mais fácil para o free-lancer é trabalhar para publicações especializadas, em especial para revistas. Embora importantes e capazes de absorver boa parcela dos profissionais, a imprensa especializada não atende aos anseios da maioria, de trabalhar assuntos voltados para o grande público.

Fica mais fácil quando se trata de profissionais com muito tempo de mercado, conhecidos e reconhecidos tanto nas redações quanto pelas fontes de informação. Muitos dos grandes profissionais, descontentes com os rumos das redações, tomaram, espontaneamente, a iniciativa de trilhar o caminho solo. Passaram a colaborar com algumas publicações, a produzir publicações institucionais e a, eventualmente, produzir livros-reportagem.

Isso não tem sido problema, por exemplo, para os profissionais do primeiro mundo. Com uma economia mais sólida e um mercado jornalístico bem mais desenvolvido, a Europa abriga milhares de profissionais free-lancers por opção. Uma parte deles escreve livros. É o caso específico do alemão Günter Wallraff, autor de duas obras-primas do livro-reportagem, *Cabeça de turco* e *Fábrica de mentiras*. No primeiro, seu maior sucesso, com mais de trinta milhões de exemplares vendidos no mundo, Wallraff disfarçou-se de turco para contar as agruras de um imigrante árabe no mundo "civilizado" europeu. No segundo, relata os métodos pouco ortodoxos e muito discutíveis do jornal sensacionalista *Bild*, no qual se empregou com nome falso durante um período para realizar a reportagem. (Os métodos empregados pelo jornalista alemão encontram-se mais detalhadamente discutidos no item "Ética", do capítulo "Teoria é bom, mas prática é melhor".)

A opção de Wallraff pelo trabalho autônomo é tão consciente e sólida que o jornalista já recusou propostas de emprego fixo para não comprometer seu método de trabalho. Uma delas teria sido notória. Após seu sucesso com *Cabeça de turco*, o repórter foi insistentemente sondado por uma revista de grande circulação. Wallraff não declina o nome da publicação que tanto o queria, mas deixa escapar indícios de que seja a excelente *Der Spiegel*, a maior, mais importante e prestigiada revista da Alemanha.

Quando visitou o Brasil, em 2004, o repórter explicou, em entrevista do jornal *A Notícia*, de Joinville (SC), que a exigência de escrever um artigo a cada quinze dias mais a possibilidade de seu trabalho criar desconforto em parte dos anunciantes foram decisivos para manter sua opção pelo free-lance. Claro que uma escolha dessas tem muito de idealismo, mas é difícil acreditar que a opção de Wallraff – e de tantos outros repórteres do Velho Continente – seria a mesma caso houvesse alguma dúvida sobre as possibilidades de sobrevivência.

Nos Estados Unidos, o trabalho free-lance nem sempre é visto com bons olhos. Lá – como aqui – costuma dar-se muita importância ao veículo que o jornalista representa. Em compensação, centenas de jornalistas dedicam-se com desenvoltura à reportagem em livro, um gênero bastante apreciado pelo mercado norte-americano.

Ainda sem o mesmo potencial e mesmo com as dificuldades inerentes a uma economia restrita e um mercado editorial limitado, esse tem sido um caminho promissor para os profissionais da reportagem no Brasil. Jovens ou veteranos, em busca de um lugar ao sol, acabaram encontrando um lugar nas prateleiras da livraria.

CAPÍTULO II

Um pouco de história

REVOLUÇÃO INDUSTRIAL E URBANIZAÇÃO

O livro-reportagem não tem, a rigor, uma data de nascimento. Muito antes de seu conceito ser empregado nos círculos acadêmicos ou nas rodas de jornalistas, centenas de narrativas de não ficção já haviam sido publicadas. Mesmo assim é possível estabelecer um ponto de partida aproximado: a reportagem em livro começou a ganhar força como um subgênero da literatura na Europa do século XIX.

Por essa época, o jornalismo ainda não havia se tornado uma profissão como o concebemos hoje, embora alguns já tirassem dele seu sustento. Era uma atividade intelectual e política. Uma batalha de ideias. Parte dos jornais nem sequer publicava reportagens: páginas e páginas eram preenchidas com artigos, ensaios, editoriais e até literatura. A distinção entre jornalismo e literatura, hoje muito clara, não estava de todo estabelecida.

Na Europa, sempre se praticou um modelo de jornalismo menos factual e mais autoral, interpretativo e muitas vezes opinativo. Algo desconhecido da maioria dos brasileiros. O único parâmetro que se tem disso no país são os veículos engajados a movimentos políticos ou populares, caso das publicações sindicais ou do jornal *Hora do Povo*, ligado ao Movimento Revolucionário 8 de Outubro (MR-8, movimento de esquerda dissidente do Partido Comunista Brasileiro). Mesmo assim, o exemplo é apenas ilustrativo. O forte componente ideológico presente nessas publicações distorce bastante o que seria o padrão médio do que se fazia na Europa.

A tradição do jornalismo europeu sempre foi muito diferente do padrão norte-americano. O emprego maciço da pirâmide invertida (enumeração dos fatos por ordem decrescente de importância) e do *lead* (parágrafo inicial da reportagem, no qual devem ser resumidos os principais aspectos do texto), que prevaleceu nos Estados Unidos e foi rapidamente adotado no Brasil, nunca fez escola nas publicações mais importantes do Velho Continente. A notícia seca, curta e direta até existe, mas em pequena escala. E costuma estar cercada por numerosos exemplos diários de textos mais longos, analíticos e formais. Esse modelo decorre da origem do jornalismo europeu. Enquanto nos Estados Unidos os veículos são organizações eminentemente empresariais, na Europa o jornalismo nasceu da atividade político-partidária (veículos impressos) e da preocupação estatal com o emprego do rádio e da televisão no processo educacional. Isso explica o caráter até hoje extremamente politizado e ideologizado da mídia impressa europeia e revela porque as principais emissoras de radiodifusão (incluindo a TV) são estatais, como a RAI, italiana, ou a poderosa BBC, inglesa.

Poucos eram os jornais europeus sem nenhum vínculo com um partido ou uma organização política, econômica ou social. A primeira grande exceção foi *The Times*, fundado em 1785 com o propósito de ser independente em relação aos poderes e organizações partidárias, mas com a firme determinação de defender princípios liberais.

O crescimento do nível educacional da classe operária europeia ajudou a consolidar uma vigorosa indústria cultural conhecida como jornalismo popular, cujos representantes máximos são os conhecidos tabloides britânicos. Trata-se de um caso à parte, mas mesmo assim seu receituário prescreve o uso de vários temperos, muitos deles usados no romance popular, para dar sabor às narrativas. Publicações dirigidas a camadas "mais seletas" da população costumam apresentar recursos de texto elaborados, além de uma densidade formal e de conteúdo sem paralelo na mídia brasileira.

Essa herança cultural sempre pesou favoravelmente nos hábitos de escrita e de leitura do povo europeu e ajudou os jornais e revistas de lá a contar histórias sempre de um ponto de vista muito particular – fosse ele qual fosse. Existem desde os veículos comprometidos com um ideário àqueles que, dentro de seu escopo ideológico e econômico, dão ampla liberdade de trabalho ao autor da matéria. De todo modo, o modo de ação do jornalista na Europa revela-se bem mais intelectualizado que o simples reprodutor de declarações em que uma parcela grande dos profissionais se converteu no Brasil.

Décadas de prática consolidaram entre os repórteres europeus o hábito de fazer de cada narrativa um desafio de inteligência e compreensão do mundo, a partir de um ou mais pontos de vista. Ao tratar assuntos considerados importantes com solenidade e, muitas vezes, espírito crítico, a mídia europeia deu um passo largo para a criação de um mercado produtor e consumidor de livros – em que os princípios do jornalismo analítico e intelectualizado ganham ainda mais consistência, para não falar de toda a tradição literária do continente.

A produção jornalística europeia – e, por conseguinte, a editorial também – foi ganhando em objetividade com o decorrer do tempo, embora não perdesse o caráter autoral. A mudança abriu o leque para o surgimento de relatos até então relegados a segundo plano. Começaram a vir a público as primeiras reportagens sobre assuntos de interesse da população em geral, como as questões sociais.

Antes de essas condições estarem completamente em vigor, a produção jornalística – ou "parajornalística" – em livro limitava-se a registros de viagens ou narrativas dos conquistadores das colônias europeias mundo afora. Até por força da visão dominadora do Velho Continente, esses relatos guardavam muito pouco compromisso com a objetividade que caracterizaria a prática da reportagem a partir do século XIX, principalmente em sua segunda metade.

No começo do século XX, o jornalismo já havia se tornado um negócio nos Estados Unidos. O jornal era o principal meio de informação. O rádio, inventado em 1895, dava seus primeiros passos. Não representava uma concorrência de fato à transmissão de notícias. Os jornais prosperavam, impulsionados pelas mudanças sociais e econômicas promovidas pela revolução industrial do final do século XVIII. Com mais de cem anos de industrialização constante, a Europa havia se modernizado e se tornara muito mais urbana. O mercantilismo e a exploração colonial deixavam de fazer sentido.

Independentes, os Estados Unidos rapidamente implementaram o modelo industrial inglês. A sede de desenvolvimento dos colonizadores acentuou algumas características do capitalismo e proporcionaram as condições necessárias para que os EUA começassem a surgir como potência econômica mundial e mostrar-se o único país ocidental a rivalizar com a Europa.

O desenvolvimento econômico e social acelerado de uma parte do planeta e contido no restante expôs as feridas de um mundo desigual.

A divisão entre ricos e pobres começava a ganhar contornos mais nítidos e dramáticos. Nem mesmo a expansão colonial dos séculos XV e XIV e o mercantilismo haviam escancarado tão fortemente a desigualdade. O cenário era perfeito para a eclosão de crises, revoltas e revoluções. E elas aconteceram por quase todo o mundo menos desenvolvido, criando o caldo de cultura do qual brotaram, além de vários conflitos armados, os contornos da atual divisão geopolítica do globo.

Foi nesse cenário que o jornalista americano John Reed deu início a uma das mais consistentes produções de reportagens em livro. Sem esconder a forte coloração ideológica (à esquerda) de sua obra, títulos como *México rebelde!* (1914) e *Dez dias que abalaram o mundo* (1919) rapidamente transformaram Reed em uma celebridade das letras. Mesmo com esparsas pitadas de romance literário com ares de ficção – ou, talvez, por isso mesmo –, sua narrativa rica em detalhes e dramaticidade chamou a atenção dos críticos, do público e depois da mídia.

Reed é apontado por diferentes estudiosos da comunicação como um dos precursores do chamado jornalismo literário e pai do livro-reportagem moderno. Não quer dizer que tenha sido o primeiro. Não faltam relatos de não ficção anteriores a ele. Pelo menos um deles no Brasil, *Os Sertões*, de Euclides da Cunha. Mas até então nada havia sido tão marcante.

Por essa época, a reportagem ganhou status, e a sociedade, cada vez mais urbana, a abraçou de vez como um "artigo de consumo". Numa época em que o preço e a oferta de papel ainda não preocupavam os jornais e praticamente não havia concorrência de outros meios – a não ser o incipiente rádio, àquela altura mais preocupado em transmitir programas de variedades –, a grande reportagem, ainda com algum molho ficcional, floresceu, sobretudo nos Estados Unidos. Na primeira metade do século, jornais e revistas destinavam áreas extensas de suas edições para contar o que lhes pareciam ser boas histórias. Uma parcela considerável delas foi parar nas páginas dos livros.

EFEITOS DE GUERRA

O divisor de águas capaz de gerar uma torrente de produção jornalístico-literária no mundo foi o fim da Segunda Guerra. Apesar da carência de recursos provocada pelos esforços de guerra, muitos jornais enviaram correspondente aos *fronts* e colheram histórias de combate.

Dois brasileiros fizeram parte desse time e seguiram os passos da Força Expedicionária Brasileira na Europa: Rubem Braga, pelo *Diário Carioca*, e Joel Silveira, dos Diários Associados de Assis Chateaubriand. As experiências dos dois resultaram em livros. Braga escreveu *Com a FEB na Itália* (edição de 1945, esgotada), e Silveira, *O inverno da guerra*.

O conflito que mudou o mundo alterou também o jeito de fazer jornalismo. Muitos historiadores e estudiosos da mídia defendem a ideia de que o *lead* passou a ser utilizado durante a Segunda Guerra para facilitar o trabalho dos correspondentes. Como as transmissões por telégrafo eram caras e instáveis – não havia nenhuma garantia de que o repórter conseguiria passar todo o texto antes de uma quase inevitável queda de conexão –, estabeleceu-se que o primeiro parágrafo de cada despacho tinha de conter os elementos essenciais da notícia. Uma espécie de resumo do texto que respondesse às questões quem, quando, onde, como e por quê. A partir de então, o texto começava a destrinchar os detalhes do ocorrido, em ordem decrescente de importância. A técnica ficou conhecida como pirâmide invertida.

Esse método permitia aos jornais três grandes vantagens em tempos de comunicação precária, técnicas de produção de jornal rudimentares e parques gráficos muito menos ágeis do que hoje: identificar com rapidez do que se tratava a notícia, avaliar sua importância com relativa facilidade e editar, sem muitas modificações, as matérias vindas diretamente das agências. Como os detalhes menos interessantes ficavam obrigatoriamente no final do texto, era possível efetuar um corte rápido, se necessário, pelo "pé", o fim da matéria. Tanto é que muitos jornais publicavam reportagens iguais de tamanhos diferentes, de acordo com o espaço que tinham em suas páginas.

O mundo ainda estava traumatizado com a experiência do conflito e de seu desfecho assombroso quando o jornalismo se encarregou de proporcionar novo impacto à opinião pública, que acompanhava os acontecimentos a distância. Em 1946, ano seguinte ao encerramento da guerra, o jornalista sino-americano John Hersey recebeu a incumbência de descrever como vivia a população sobrevivente da primeira cidade atingida por uma bomba atômica.

O assunto era tabu, em especial nos Estados Unidos, onde havia um esforço generalizado para que o público fosse poupado dos detalhes do conflito. A preocupação não era exatamente com a sensibilidade dos cidadãos americanos, mas com o efeito que as informações poderiam provocar na opinião pública. O relato denso, detalhado e sem anestesia de Hersey recebeu tratamento especial e inédito: ocupou toda a edição da revista *The New Yorker* de 31 de agosto de 1946. Transformada em livro no ano seguinte, *Hiroshima*, a narrativa que põe a nu a vida dos sobreviventes da hecatombe é apontada por especialistas do mundo todo como a melhor reportagem da história.

A obra de Hersey foi decisiva para uma virada da produção jornalística. Depois de praticamente ter nascido da literatura, o jornalismo havia se afastado pouco a pouco dela. O acelerado processo de urbanização dos dois séculos anteriores produziu o aglutinamento de pessoas com ideias e princípios diferentes. Com sua visão de jornalismo como negócio e para atingir um público mais amplo, a imprensa americana começou a adotar padrões de objetividade e de linguagem. A finalidade era atingir ao máximo de leitores com formações diferentes e graus de instrução díspares. Essa visão empresarial acabou reforçando o padrão jornalístico baseado na pirâmide invertida, tão largamente difundido no Brasil.

NOVIDADE À MODA ANTIGA

O clima fervilhante da época e o avanço tecnológico dos jornais deram novo impulso à produção de matérias de grande fôlego, muitas delas levadas às páginas dos livros, e reaproximou o jornalismo da literatura. Surgiu o *new journalism*. Não era propriamente uma novidade, apenas um rótulo – que até já havia sido usado antes, sem que o nome pegasse. O jornalista Gianni Carta, defensor da reportagem de "longo curso", escreve na introdução de seu *Velho novo jornalismo* que as técnicas empregadas pelos *new journalism* dos anos 1960 já haviam passado com brilhantismo pelas mãos do britânico George Orwell (1903-1950) e do americano Ernest Hemingway (1899-1961).

A tal técnica consistia em, simplesmente, narrar os fatos com recursos mais próximos da literatura do que a linguagem apressada, telegráfica e enxuta – não necessariamente no bom sentido do termo – do jornalismo. Enfim, era uma espécie de "voto de protesto" contra a ditadura do *lead* e da pirâmide invertida. Se o modelo e até o nome já haviam sido empregado antes, foi só a partir da metade do século que o *new journalism* alcançou notoriedade. A ponto de, até hoje, ser tratado como um produto típico da década de 1960.

Calcado na qualidade do texto e no amplo espaço disponível em jornais e revistas, o movimento teve a seu favor uma safra de jovens narradores notáveis, como Truman Capote, Tom Wolfe, Norman Mailer e Gay Talese. Produzindo em profusão e com uma linguagem mais trabalhada do que preconizavam os primeiros manuais de redação, os expoentes do *new journalism* ganharam os livros. A transição de um meio para o outro era quase uma consequência direta do profundo interesse que havia na sociedade pelas histórias humanas, contadas de forma saborosa e muitas vezes em séries de reportagens. Uma parte do público fazia questão de guardar aqueles retratos de época, e a ideia de transformá-los em livro acabou parecendo bastante natural.

Tom Wolfe, no ensaio *Radical chic e o novo jornalismo*, menciona o contexto em que o movimento ganhou força. Além de condições favoráveis na mídia, havia uma safra de talentosos escritores formados na escola da reportagem vivendo em um clima ao mesmo tempo romântico e boêmio, de saudável "competição". A mídia soube explorar esse interesse. Bastante identificados com o estilo mais extenso e trabalhado, os europeus já faziam isso, dentro de seu modelo de reportagem analítica. Tanto que os profissionais da Inglaterra, quando alguém menciona o novo jornalismo, costumam corrigir, com seu peculiar senso de humor: "isso é apenas jornalismo".

Foi nesse contexto que, em 1965, após seis anos de apuração, Truman Capote escreveu e publicou na *The New Yorker* o clássico *A sangue frio*. Relato de uma chacina ocorrida no interior do Kansas, nos Estados Unidos, o livro tem sido considerado pela maioria dos especialistas a obra máxima do *new journalism*. Publicada em uma série de quatro edições, a reportagem foi cercada de controvérsias. Chegou a ser classificada como "sensacionalista" por parte da crítica. Mesmo assim, tornou-se um sucesso absoluto. A matéria, convertida em livro três meses depois, recebeu do autor a denominação de "romance de não ficção".

As condições para o surgimento do *new journalism* como um gênero dos anos 1960 começaram, nos Estados Unidos, quase um século e meio antes. Por volta de 1830, as reportagens dos jornais populares dos americanos passaram a adotar o estilo de narrativa em detalhes e romanceada. Nem todos os detalhes eram reais. Havia um "esforço" para adaptar as histórias a um modelo mais atrativo à leitura. Na década de 1880, essa tradição ganhou importante reforço. O empresário húngaro naturalizado americano Joseph Pulitzer comprou o jornal *New York World*. Preocupado com a constância do vermelho nos balanços da empresa, o novo dono mudou radicalmente o estilo de cobertura. Em vez da política, prato de resistência até então, passou a explorar a cobertura sensacionalista do dia a dia efervescente, curioso e às vezes sórdido da metrópole.

Pulitzer fundou uma série de jornais, tornando-se o que os americanos gostam de chamar de "um magnata da imprensa". Com uma visão moderna e tino empresarial, aos poucos substituiu o sensacionalismo pela reportagem investigativa, mas ainda com muitos traços de dramaticidade. A mudança de rumo deu-lhe prestígio e reconhecimento – o suficiente para criar a honraria ao qual empresta o nome. O prêmio Pulitzer é hoje o mais cobiçado no jornalismo e na literatura dos Estados Unidos. O empresário deixou uma parte considerável de sua fortuna para a Universidade Columbia, a fim de financiar o desenvolvimento da profissão e, com isso, passou para a história com a imagem de homem preocupado com o futuro do jornalismo.

O modelo implementado inicialmente no *World* deu nova dimensão aos chamados *fait divers* e encontrou um público urbano ávido por aquele tipo de noticiário, com boa dose de mundo cão. Não era exatamente algo novo, mas Pulitzer e seu jornal souberam explorá-lo em profundidade. Claro que, mais tarde, a receita foi copiada, com ou sem adaptações, no Brasil e em outros países. Por aqui, o *Última Hora* foi um dos jornais mais bem-sucedidos no gênero, devidamente adaptado ao padrão cultural brasileiro.

A mudança de linha editorial introduzida por Pulitzer foi tão bem absorvida pelo público de Nova York que acabou imitado também em outros pontos dos Estados Unidos. Pouco mais de dez anos depois, já consolidado e lucrativo, o *World* atraiu a concorrência do *New Yorker Journal*, concebido dentro das mesmas premissas do então líder de circulação. A concorrência pelas melhores histórias e pelo melhor texto só cresceu, alimentando a tradição de matérias de fôlego. Quando o *new journalism* ganhou força, nos anos 1960, já havia uma cultura solidificada de grandes reportagens em diferentes tipos de publicação. As revistas estavam meio fora e meio dentro desse jogo. Meio dentro, porque reuniam um conjunto de características extremamente propício à difusão das grandes matérias. E meio fora, na medida em que, preocupadas em ampliar o público, uma parte das publicações tendia a relativizar a importância da palavra diante das possibilidades de ilustração que a tecnologia começava a oferecer – principalmente belas fotos, grandes, inéditas e coloridas.

Revistas nunca foram concorrentes dos jornais. Em geral os dois veículos atendem a públicos distintos, embora uma parcela dos leitores trafegue pelas duas opções de mídia. O fato de o jornalismo em revista estar florescendo com mais intensidade, porém, serviu para dar novo e decisivo impulso na produção jornalístico-literária do período.

Nos Estados Unidos, as revistas de assuntos gerais viviam na plenitude o conceito de "jornalismo semanal". Ao lado de reportagens exclusivas, os magazines propunham uma leitura sintética e analítica dos acontecimentos da semana. O modelo foi inaugurado no início da década de 1920 pela *Time*. O homem moderno não pode perder tempo, pregava o slogan da publicação. O "manual de instruções" de *Time* dizia que a reportagem deveria ter discurso direto, conciso e exato. A narrativa deveria chegar aos leitores com frases curtas e simples, empregando uma linguagem acessível ao "público médio" – um termo bastante usado nas redações, que procura designar, aproximadamente, o grau médio de instrução, social e econômico do universo de leitores. Em menos de dez anos, a publicação ganhou concorrência, também baseada no padrão vencedor.

O estilo de texto apregoado pela revista já era em parte adotado pelos jornais. Mas a força editorial da *Time* e seu impressionante sucesso serviram para disseminar a prática por outros órgãos impressos. Em seguida, foi a vez das revistas ilustradas. A proposta surgiu em 1936, com a *Life*, a primeira a adotar a chamada "reportagem fotográfica", na qual a ilustração tem importância igual ou maior que o texto. Sucesso extraordinário, *Life* chegou a vender oito milhões de exemplares por semana nos Estados Unidos. Começou a minguar nos anos 1960, com a massificação da TV, época em que seu gigantismo passou a gerar custos de impressão e distribuição totalmente inviáveis. Sua circulação foi interrompida em 1972. Tentou ressuscitar em 1978, mas morreu em definitivo em 2000.

Apesar da saída de cena da *Life*, seu conceito inspirou inúmeras publicações em todo o mundo. No Brasil, marcaram época títulos como *Fatos & Fotos* e *Manchete*. As duas sucumbiram com a circulação e o quadro de anunciantes em franca queda, devido a dois fatores: primeiro, ao esgotamento do modelo, depois, à crise financeira do grupo Bloch, que culminou com o fechamento da TV Manchete, em 1998. O jornalismo ilustrado resistiu, no entanto. No Brasil e no mundo, as publicações foram se adaptando às novas exigências do mercado até desaguar nas revistas voltadas para a cobertura do mundo das celebridades – algo que *Manchete* e *Fatos & Fotos* já faziam, em parte; a diferença é que as duas velhas revistas da Bloch tinham também reportagem.

O surgimento de títulos como *Reader's Digest* (que no Brasil e em outros países virou *Seleções*), nos anos 1920, nos EUA, mostrava a preocupação de condensar grandes artigos em uma leitura agradável e, de acordo com o estilo de vida e os valores americanos, "edificante". Por anos, as revistas exploraram os textos longos e as reportagens bem trabalhadas antes de focarem-se, cada vez mais, em públicos segmentados. Os títulos que alcançaram algum êxito na arte de contar histórias extensas em geral eram mensais. Algumas publicações se especializaram fortemente nisso e sobrevivem até hoje em várias partes do mundo. Um exemplo é a *National Geographic*, que tem até uma edição brasileira e talvez seja o exemplo mais bem-acabado de união entre imagem e texto com densidade. Sua proposta é produzir matérias muito bem ilustradas, escritas quase sempre com elegância, profundidade e sensibilidade por "repórteres-escritores". A matéria-prima básica, desde o início, tem sido lugares, espécies e sociedades exóticas de todo o planeta.

O BRASIL ENTRA NA ONDA

No Brasil, a experiência de um jornalismo com viés mais literário teve seu primeiro esboço com a revista *O Cruzeiro*, nascida em 1928, e até hoje o maior fenômeno editorial do país. A vocação para contar histórias e a ampla elasticidade nos conceitos de ética e exatidão permitiam à revista trazer ao público relatos vívidos, muitas vezes fantásticos. *O Cruzeiro* começou como uma revista sem brilho. Só deu seu grande salto em prestígio e circulação na década de 1940, quando passou a investir na reportagem. Nessa época, reunia um time de profissionais de primeira linha, entre os quais uma dupla que representava uma verdadeira grife: o fotógrafo francês Jean Manzon, oriundo da famosa revista ilustrada *Paris Match*, e o repórter David Nasser.

Responsável pelas principais matérias da revista, a dupla ganhou notoriedade pela sucessão de "furos" de reportagem. Na época, não se notavam seus vários deslizes éticos. Ou não se dava importância a eles. Nasser e Manzon eram mestres em utilizar-se de subterfúgios para obter as "informações" com que construíam suas reportagens. Forjavam entrevistas, adulteravam o conteúdo da apuração, abusavam da boa-fé de gente humilde. Destacados para fazer um perfil do médium espírita Chico Xavier, em 1944, Nasser e Manzon não conseguiram convencê-lo a dar entrevista. Fizeram-se então passar por jornalistas estrangeiros, com direito a intérprete e tudo, para conseguir uma conversa com o médium cujos dons assombravam o país. O texto da reportagem criava uma imagem caricata e preconceituosa de Chico, como conta Marcel Souto Maior na biografia *As vidas de Chico Xavier*.

Os inúmeros métodos duvidosos empregados por Nasser estão revelados em detalhes no livro-reportagem *Cobras criadas: a história de David Nasser e O Cruzeiro*, de Luiz Maklouf de Carvalho. Dentre as histórias, consta o relato de uma "reportagem" sobre a morte de Manzon, por atropelamento. A redação da revista chegou a receber telegrama de condolências do presidente Getúlio Vargas por uma informação rigorosamente falsa, inventada.

A fórmula de *O Cruzeiro* fez sucesso até os anos 1950. A mudança nos padrões éticos – para melhor, felizmente –, o crescimento do jornalismo no rádio e, mais tarde, a modernização técnica e a expansão territorial da televisão ajudaram a torná-la obsoleta, já pelos anos 1970.

No meio do caminho, por volta de 1940, o papel de apresentar ao público as ideias inovadoras e os textos mais instigantes da imprensa foi desempenhado pela revista *Diretrizes*, de Samuel Wainer. Wainer foi o principal oponente de Chateaubriand nos anos 1950. Mas antes de tornarem-se concorrentes, Wainer fundou e dirigiu *Diretrizes*. Seu desempenho na revista o levou a ser contratado pelo próprio Chatô. Sem o mesmo estrondo comercial de *O Cruzeiro*, mas com muito prestígio dos pontos de vista intelectual e político, *Diretrizes* também reunia a nata dos profissionais da época.

Se a iniciativa de Wainer não deu tão certo do ponto de vista comercial, a Editora Abril acertaria na mosca, 20 anos mais tarde. Em meados da década de 1960, nascia *Realidade*, revista inovadora na linguagem e na liberdade de enfoque. Cada repórter podia abordar sua pauta pelo ângulo que escolhesse. Chegara a fase da reportagem-conto, reunindo ao mesmo tempo leveza e profundidade no tratamento dos assuntos.

Era época, também, da reportagem participativa. O jornalista descrevia uma situação real pela qual havia passado – experiência que os próceres do *new journalism* empregaram fartamente. Em uma matéria de comportamento, "Existe preconceito de cor no Brasil", dois jornalistas, um branco e um negro, descreviam a reação da população a suas aparições públicas com mulheres de "cores trocadas" – o negro andava com uma mulher branca; o branco, com uma negra – em seis capitais do país. Mas a capa mais marcante da revista foi o relato do correspondente de guerra José Hamilton Ribeiro, raríssimo profissional hoje com mais de meia década de reportagem. Ele havia sido designado para descrever *in loco* a guerra do Vietnã, em 1968. Perdeu parte da perna esquerda ao pisar em uma mina terrestre.

Em 1966, surgiu a primeira e até o momento única experiência bem-sucedida de jornal com conteúdo mais literário. Antes da criação do *Jornal da Tarde*, a reportagem de longo curso, extensa e com textos bem trabalhados estava confinada à imprensa alternativa, em jornais como *Opinião* (1972) e seu dissidente *Movimento* (1975). O *Jornal do Brasil* já vinha, desde 1956, dedicando uma preocupação maior com a reportagem e a qualidade do texto, mas a proposta era diferente. O *JB* não publicava matérias grandes com a mesma frequência do *JT*; além disso, fazia um jornalismo bem mais analítico que o do jornal paulistano, cujo veio era mais a reportagem descritiva.

O principal aliado do repórter no novo jornal era a diagramação livre e leve, com grandes ilustrações. O veículo empregou fartamente o recurso de reportagens em série, comum no mercado americano. As redações de *Realidade* e do *Jornal da Tarde* apresentavam em comum o fato de abrigarem uma parcela considerável dos mais talentosos textos da imprensa brasileira, em uma harmoniosa mescla entre juventude e experiência.

Desse caldo de cultura brotaram as condições para a consolidação do texto na reportagem à brasileira – também mais descritiva e menos interpretativa –, fator que levou, finalmente, ao embrião do livro-reportagem no país. O período de maior destaque para a publicação jornalística em livro começou na década de 1980. O primeiro exemplar do gênero digno do nome é, claro, bem anterior a isso. *Os sertões*, de Euclides da Cunha, foi esculpido em 1897 como série de relatos para *O Estado de S. Paulo*.

Enviado especial à zona de conflito da Guerra de Canudos, Euclides elaborou uma rica e detalhada narrativa – com um tom mais próximo da literatura que do jornalismo como concebido hoje – sobre as venturas e desventuras de Antônio Conselheiro e seus parceiros no agreste baiano. Em 1902, uma coletânea dos principais relatos transformou-se na primeira edição do livro.

Também na primeira década do século XX, Paulo Barreto combinou literatura com técnicas da reportagem moderna – como o questionamento de fontes e descrições detalhadas de ambientes e pessoas. Com isso, é apontado com o principal responsável pela introdução da reportagem nos jornais brasileiros. Barreto assinava seus textos pelo já então conhecidíssimo pseudônimo de João do Rio. Suas crônicas-reportagens, publicadas posteriormente em livro, faziam um retrato da vida e dos costumes da cidade do Rio de Janeiro do início do século.

De Euclides e João do Rio até hoje, a interação entre literatura e jornalismo sempre foi grande no Brasil. As condições para o nascimento dos dois gêneros ocorreram de forma simultânea. Antes proibida pelo temor de que a circulação de ideias em papel atiçasse teorias libertárias e liberais na colônia, a impressão foi liberada no país em 1808, com a vinda da Coroa portuguesa para a então colônia. Por ironia, naquele mesmo ano, Hipólito José da Costa, português, fundou em Londres aquele que é considerado o primeiro jornal brasileiro, o *Correio Braziliense*.

A possibilidade de produzir impressos deu vida nova à colônia. Literatura e jornalismo desenvolveram-se paralelamente. A literatura, primeiro, abrigou-se nas páginas dos jornais, com a publicação de folhetins. Do final do século XIX até metade do século XX, os jornais publicavam obras de autores estrangeiros e nacionais – muitos deles jornalistas – no formato folhetim. É bom lembrar que, nessa época, os jornais não tinham a mínima preocupação com reportagem e menos ainda com noticiário. Eram impressos de ideias e, como tais, abrigavam textos literários – de boa qualidade ou não – com relativa naturalidade. Se o folhetim era ficção, o conteúdo de muitos dos artigos publicados à época demonstrava a mesma preocupação com o grau de veracidade. Só mais de um século depois o jornalismo começou a ocupar-se de fato com a exatidão do que publicava.

Com a entrada do século XX, o noticiário e a reportagem começaram a se fazer mais presentes, seguindo o modelo que já predominava no exterior. Até então, o jornalismo brasileiro era mais europeu. A guinada definitiva para o padrão norte-americano ocorreu em paralelo com o desenvolvimento técnico e tecnológico. Já em 1950 os veículos adotaram de vez o modelo de apresentação de notícias corrente nos Estados Unidos: introdução do *lead*, construção em pirâmide invertida e expulsão sumária dos adjetivos. O novo modo de fazer jornal no país não só afastou o Brasil da técnica europeia como também acelerou o distanciamento em relação à literatura. O jornalismo passou a ser visto como a técnica do texto urgente, às vezes apressado e quase sempre pobre, muito distante da aura artística da atividade literária.

Nem por isso o jornalista brasileiro se afastou da literatura. Hoje, como há um século, qualquer lista de melhores escritores do país tem pelo menos metade de profissionais da imprensa. Gente como Carlos Drummond de Andrade, Machado de Assis, Lima Barreto, Rubem Braga, Otto Lara Resende, Nelson Rodrigues, entre tantos outros, militaram nas páginas de jornais e revistas, nas quais asseguravam seu ganha-pão e dedicavam suas horas vagas à nobre arte da literatura, da qual sempre foi incerto retirar o sustento no Brasil. A maioria atuava no terreno da ficção, sem misturar arte com ofício.

O que diferencia esses luminares da literatura com os jornalistas-escritores dedicados à reportagem tem sido a projeção. Muitos dos jornalistas de hoje voltam-se à ficção como atividade paralela. Mas um conjunto de transformações sociais, políticas, econômicas, culturais e até específicas da profissão criaram condições e ao mesmo tempo necessidade de aproximação entre os profissionais da imprensa e o livro. O livro-reportagem.

CRISE ECONÔMICA E DE IDENTIDADE

O jornalista brasileiro tomou gosto para valer pela reportagem em livro já no final do século xx. Os anos 1980 são recheados de relatos sobre os bastidores da política e da economia nacional – precisamente os setores da sociedade que mais mudaram. Parte desses relatos esteve contemplado pelas publicações periódicas, mas a necessidade de aprofundamento, as terríveis dimensões de eventos como a ditadura militar e a abertura política proporcionaram espaço para a publicação de inúmeras reportagens em livro.

Afora o ponto de vista político, nessa época dois importantes acontecimentos da vida econômica do país concorrem para empurrar o jornalismo para os livros: as constantes tentativas de estabilização monetária – só alcançada com êxito depois do Plano Real, em 1994 – e o encolhimento do espaço editorial de revistas e, principalmente, dos jornais brasileiros.

O corte do espaço editorial veio, primeiro, numa mescla da adoção do modelo do jornal americano *USA Today* com crise financeira. O padrão criado pelo *USA Today* em 1982 chegou aqui na metade da mesma década. A adoção do modelo baseado em relatos curtos, quase sempre acompanhados de imagens autoexplicativas (fotos e infográficos), em uma tentativa de concorrer com a televisão, funcionou por algum tempo. Mas o advento da internet – principalmente da internet que sobreviveu ao fim da bolha – sepultou a viabilidade desse tipo de publicação, embora ainda se possam encontrar veículos que insistam nele com obstinação.

Bem ou mal, a economia brasileira se recuperou depois do Plano Real. Jornais e revistas, não. Endividados, com uma série de investimentos no próprio produto e em outras áreas fora de seus núcleos de negócios, e vendo parte da receita publicitária escapar em direção às novas mídias, os veículos impressos enfrentaram uma crise sem precedentes desde a década de 1990, especialmente nos dez anos de 1995 a 2004.

A situação se agravou de vez com o chamado "estouro da bolha" da internet – o fim melancólico, em 2001, de muitas empresas digitais, multiplicadas em ritmo vertiginoso a partir de 1998. Entre os náufragos da internet estavam várias empresas de comunicação da "nova economia" e outras tantas da "velha", que haviam aderido à onda das pontocom em meados da década de 1990, por modismo ou pela crença que ela seria a salvação para a crise. Sem desenvolver produtos capazes de gerar receita consistente com a internet, essas empresas perderam dos dois lados, na nova e na velha mídia. Perderam o dinheiro empregado na aventura digital e também viram o faturamento dos produtos tradicionais cair.

A prova está nos números de circulação. Estatísticas da Associação Nacional de Jornais (ANJ) mostra que, de 1995 a 2004, a circulação média diária dos jornais brasileiros estagnou em 6,5 milhões de exemplares. Na verdade, houve até uma ligeira queda, de 0,4%, ao passo que a população brasileira no mesmo período aumentou em torno de 14%. O número de jornais em circulação também cresceu. O país passou a ter menos jornais maiores e mais jornais menores. Em 2005, com o lançamento de novos títulos e aumento da tiragem dos jornais populares (7% no ano) e regionais (1,4%), houve crescimento de 3,9% na circulação total, mas a tiragem média continuou em retração ou estável nos jornais maiores. A receita publicitária também caiu, embora os primeiros números de 2005 mostrem pequena recuperação nesse aspecto.

O caso dos magazines é semelhante. Estatísticas disponíveis na Associação Nacional dos Editores de Revistas (Aner) mostra que de 2000 a 2003 a circulação total só caiu. De 415 milhões de exemplares por ano (2000), recuou para 388 milhões (2003), com perda de 6,5% na circulação total. As assinaturas caíram menos, 2,35%, mas a circulação avulsa diminuiu 9,4% no mesmo período. Embora as empresas considerem a venda de assinaturas mais importante, porque assegura a circulação de todo um período – em geral um ano –, é justamente a venda avulsa que mostra o poder de sedução do veículo perante o leitor que se depara com ela por acaso. A julgar pelos números da Aner, as revistas brasileiras estão chamando cada vez menos atenção dos potenciais leitores, nas bancas.

O setor também perdeu em receita publicitária. Em 2000 e 2001, 10,6% de todo o dinheiro investido em publicidade no Brasil era destinado às revistas. Em 2002 e 2003, a participação dos magazines estacionou em 9,6%. Nesses quatro anos, os gastos com publicidade cresceram 9,6%, passando de 9,66 bilhões para 10,8 bilhões de reais. A parcela das revistas encolheu de 1,043 bilhão para 1,039 bilhão de reais. A diferença é pequena, mas em um mercado que cresceu, a queda não deixa de ser sintomática.

De 2000 a 2005, a economia brasileira enfrentou duas fortes crises. A primeira, em 2001 e parte de 2002, quando o país dava sinais de crescimento vigoroso, veio em decorrência do racionamento de energia. O resultado foi desastroso. As previsões eram de que o Produto Interno Bruto (PIB) crescesse 5% em 2001, depois de subir 4,5% em 2000, a maior taxa em dez anos. A expansão, frustrante, foi de apenas 1,4%. No ano seguinte, foi a vez da crise cambial. A mídia noticiou que a disparada do dólar tinha relação direta com a possível eleição – depois confirmada – do candidato do PT à Presidência, Luiz Inácio Lula da Silva. Lula nunca foi o candidato dos sonhos do capital internacional – tampouco do doméstico –, mas raríssimas reportagens da chamada grande imprensa apontaram que a tal crise cambial tinha forte componente especulativo. Essa informação até circulou, mas foi quase sempre dada pelos colunistas e articulistas, boa parte deles de fora da profissão. O jornalismo, no geral, deixou que os convidados fizessem seu dever.

Crises como a de energia e a cambial têm, claro, efeito sobre toda a produção de bens e serviços do país. Mas dois aspectos precisam ser levados em conta. O primeiro é que, no jornalismo, há meios de buscar uma compensação de parte das perdas. É na adversidade que o veículo tem de se mostrar essencial para o leitor. Quando as coisas vão mal, o jornalismo tem de exercer seu papel social e oferecer informação e análise de qualidade de modo que o leitor (ou espectador) considere seu veículo preferido essencial para a compreensão da crise. Uma das maneiras clássicas de oferecer ao público essa prestação de serviço vital é por intermédio da reportagem: revelando o que está oculto e estabelecendo as ligações entre os fatos além da conjuntura e do movimento sobe-desce do dia. O segundo aspecto a refletir reside no fato de que, nos demais anos, a economia andou, de alguma maneira, e os jornais e revistas, não andaram. A circulação e a receita publicitária permaneceram emperradas.

Parece claro que há uma crise de identidade mais profunda que a própria crise financeira da imprensa. A mídia impressa ainda não se encontrou depois da internet e da sucessão de ciclos de baixa da economia brasileira. O enxugamento dos veículos impressos até obedece a uma lógica econômica inquestionável, a de que não é possível manter um negócio que perca dinheiro. Tanto que, esporadicamente, desde os anos 1990, muitas empresas têm contratado firmas de consultoria para avaliar o desempenho do trabalho jornalístico do ponto de vista financeiro e melhorar os resultados econômicos. Sem nenhuma familiaridade com a profissão, consultores até bem-intencionados andaram sugerindo medidas para melhorar a produtividade das redações. A mais corriqueira era recomendar que o repórter apurasse e escrevesse, no mesmo dia, o maior número de matérias possível. Sem contar as sugestões para reduzir o número e a duração dos telefonemas, como se a apuração de informações fosse uma atividade mecânica ou uma ciência exata.

Com tantos problemas administrativos a resolver, as empresas de comunicação não têm conseguido manter redações extensas. Nem passa pela cabeça da maioria dos gestores a ideia de ter profissionais trabalhando longamente, por dias, semanas ou meses, na apuração de histórias de fôlego. Em nome da produtividade, acabam publicando o noticiário cotidiano, muitas vezes sem o caráter interpretativo que poderia fazer a diferença em relação a outros meios. E ainda jogam para o público a responsabilidade dessa decisão, com o pretexto de que ninguém quer textos longos – como se a reportagem precisasse ser longa para ser boa – nem tem tempo para eles.

Sem reportagem nem maiores aprofundamentos da produção factual, na média os jornais – e as revistas, em menor proporção – acabam oferecendo a seus leitores o mesmo conteúdo disponível horas antes em outras mídias. A falta de novidades cria um círculo vicioso que asfixia os veículos comercialmente. Os leitores perdem o interesse tão logo percebem que aquilo que o periódico entrega pode estar disponível, quase de graça e muito antes, na TV, no rádio ou na internet. O jornal passa a ter poucos atrativos, como a programação cultural e os artigos de fundo. As vendas caem, e o mercado publicitário obviamente procura outras alternativas. A sucessão de quedas enfraquece ainda mais o veículo e a empresa que detém o título. E não é só. Além de perder leitores, jornais e revistas não têm conseguido conquistar o público jovem. Estão, portanto, deixando de renovar sua carteira de clientes e, com isso, sufocando sua sobrevivência futura.

Desprezada como um artigo oneroso e elaborado demais para a exigência dos leitores, a reportagem não vai apenas perdendo terreno nos veículos impressos. Também virou um problema para a maioria das redações. Como administrar aqueles profissionais renitentes, cabeças-duras mesmo, que insistem em "reportariar", como se diz no jargão das redações? Se vigora a crença de que o leitor tem pressa e quer algo curto, rápido, fácil de digerir, um sujeito assim só pode ser louco. São poucos os dispostos a apostar no oposto. Hoje, a reportagem só encontra abrigo em alguns poucos veículos, em determinados sites – precisamente o meio que colaborou para o fim do texto longo nos jornais – e nos livros.

E é para o livro que estão acorrendo os repórteres supostamente loucos com histórias para contar, num processo que, embora sem grandes taxas de expansão, praticamente se autoalimenta: o fluxo de livros-reportagem vai crescendo e impulsionando o mercado. Ele, por sua vez, se amplia e abre perspectivas para novas obras.

Quem investe em livro-reportagem no Brasil o faz em nome de um jornalismo mais vibrante e ao mesmo tempo mais inspirado e criativo do que o praticado na média do dia a dia das redações. O faz por amor à reportagem e pela necessidade de contar histórias que atualmente não cabem em outros veículos – por força de limitações técnicas ou das circunstâncias. O desafio está em rechear o produto com tantos atrativos que o tornem excitante também para o público, não só para o autor.

CAPÍTULO III

Jornalismo de profundidade

AVALANCHE DE NOTÍCIAS

O mundo mudou depressa na segunda metade do século xx. O jornalismo teve de mudar também. Apesar da proposta de fruição do texto pregada pelos autores do *new journalism* e das várias publicações criadas para dar conta de tantas novidades, nada foi capaz de desacelerar esse processo. Em 1967, na canção *Alegria, alegria*, Caetano Veloso observava a vastidão de temas tratados por uma única edição de jornal:

> *O Sol* se reparte em crimes, espaçonaves, guerrilhas, em Cardinales bonitas.

Parecia que o planeta todo cabia naquelas páginas, da violência urbana à corrida espacial, das dezenas de guerras civis que varreram a Terra na época à beleza da atriz italiana Claudia Cardinale. Ao mesmo tempo em que representava um universo fascinante e colorido, o jornal começava a proporcionar cada vez mais ao leitor a angustiante sensação de um mundo vasto demais para ser totalmente conhecido. A própria música resume a situação:

> *O Sol* nas bancas de revista me enche de alegria e preguiça. Quem lê tanta notícia?

Os versos de Caetano antecipam em mais de duas décadas o dilema mundial da chamada era da informação. Como absorver essa avalanche de dados? *O Sol* a que o compositor se refere foi um jornal alternativo e de vida curta. Sobreviveu por seis meses nas bancas do Rio de Janeiro, entre setembro de 1967 e fevereiro de 1968. Nem era um veículo de cobertura extensiva como outros órgãos da grande imprensa. Mas bastava para impressionar pelo conteúdo. A massa noticiosa à disposição do público naquela época era apenas uma amostra do que viria depois. A chegada definitiva do processo de globalização da economia e a entrada da sociedade na era da tecnologia da informação fariam muito pior. As possibilidades de acesso à informação – jornalística ou não – cresceram muito e muito rapidamente, confirmando em parte o conceito de "aldeia global" e ao mesmo tempo o subvertendo de algum modo. A ideia segundo a qual o avanço tecnológico da comunicação transformaria o planeta num mundo bem pequeno e acessível, formulada também em 1967 pelo teórico americano Marshall McLuhan (1911-1980) ganhou contornos mais nítidos a partir da última década do século XX. Em compensação, o volume de dados disponível tornou o conhecimento profundo da "aldeia" quase impraticável.

Novos meios, novas técnicas de difusão e maior massa de informação bruta deram ao jornalismo um campo maior de trabalho. Também proporcionaram um aumento da responsabilidade na hora de selecionar o que é levado ao público. Na verdade, a pergunta de Caetano embute outra: quem escolhe o que vai ser publicado? A ideia de uma quantidade colossal de notícias disponíveis quase instantaneamente, provenientes de todos os cantos do globo, trouxe para o jornalismo a necessidade de tornar ainda mais criterioso e intensivo o processo de seleção. Um trabalho que o público, sozinho, não pode nem está disposto a fazer.

Imaginemos uma situação hipotética. Com os meios disponíveis hoje, qualquer pessoa relativamente equipada e em condições financeiras, pelo menos no mundo ocidental, poderia passar um dia inteiro na internet informando-se sobre os últimos acontecimentos. De um oceano de dados, esse curioso imaginário decerto iria deparar-se com centenas – talvez milhares – de notícias surpreendentes, originais e peculiares, mas sem nenhuma importância ou efeito prático. Teria acesso também a milhares de temas totalmente inúteis e alheios aos seus interesses. Por fim, o internauta compulsivo extrairia da tela algumas informações de fato relevantes do seu ponto de vista. Com um pouco de sorte, seriam notícias que dizem respeito diretamente a ele, interferindo de algum modo em sua vida, não importando se falam de novo filme que ele gostaria de assistir ou de uma mudança na legislação da região em que vive.

Para o público, esse trabalho de garimpagem de informações é absolutamente inviável. O papel do jornalismo é promover essa seleção. Impedir que as pessoas percam tempo procurando por assuntos interessantes. Não é à toa que, há décadas, o *The New York Times* estampa em sua primeira página o *slogan* "todas as notícias que merecem ser impressas". Uma frase simples, que resume com exatidão o princípio de que fazer jornalismo é promover escolhas. A esse processo de selecionar informações dá-se o nome genérico de edição. O termo também pode ser entendido como o trabalho de dar forma final a uma produção jornalística – texto, imagem, áudio etc. – antes de apresentá-lo ao público, mas isso é apenas parte do processo. É na edição que se determina o tamanho da reportagem, se escolhe a manchete e as matérias principais, as notas de pé de página e o que vai parar no lixo – porque, sim, jornalismo também é jogar fora a informação irrelevante ou de menor importância diante das outras. E isso vale no jornal, no rádio, na TV, na internet e em qualquer outro meio que exista hoje ou venha a existir no futuro. A seleção é necessariamente quantitativa e qualitativa. Já os critérios de qualidade de cada veículo são sempre muito particulares.

Nem toda a pré-seleção e nem mesmo o encolhimento dos jornais brasileiros na última década foram suficientes para deixar a massa de dados presente hoje nos veículos impressos compatível com o tempo que o público médio pode empregar na leitura de um jornal. Voltando, então, à pergunta original, quem lê tanta notícia? Tirando possíveis casos patológicos de leitores compulsivos, praticamente ninguém. Diferentes pesquisas de hábitos de leitura do mundo todo indicam que consumidores tradicionais de jornais leem apenas entre 20% e 30% de cada edição, em média. Afora publicações especializadas, voltadas para pessoas com interesses mais uniformes e portanto mais afinadas com o conteúdo geral de cada edição, o heterogêneo público dos periódicos costuma fazer a seleção dentro da seleção e ler apenas os assuntos que lhe interessam diretamente.

Esse comportamento do público diante do noticiário leva a uma conclusão inevitável. Para enriquecer o trabalho, o jornalista precisa se empenhar em selecionar melhor as informações e, por consequência, falar mais diretamente ao interesse do leitor, ouvinte ou telespectador. Para isso, profissionais e empresas de comunicação têm de abandonar a batalha, perdida de antemão, contra a quantidade para lutar no campo da qualidade da informação. Sempre haverá mais notícias do que os diferentes meios são capazes de absorver, como sugere o slogan do *Times*.

Jornais e revistas de todo o mundo desenvolvido têm procurado seguir esse caminho. Reforçando sua tradição de investir em reportagem, a maior parte dos veículos da Europa e dos Estados Unidos busca, cada vez mais, direcionar o foco para um número limitado de assuntos – que podem variar conforme as circunstâncias – e dar a eles um tratamento especial, intensivo, de profundidade, sem a intenção de concorrer em rapidez e amplitude com outros meios.

A concorrência, se é que existe, se dá pela qualidade e pela capacidade que o veículo impresso tem de situar o consumidor diante dos fatos. Um exemplo: em julho de 2005, durante os atentados ao metrô de Londres, milhões de britânicos assistiram a cobertura extensiva da televisão. No dia seguinte, correram às bancas para adquirir os jornais, em busca do algo mais que os veículos eletrônicos não conseguem oferecer.

No Brasil, isso também acontece, mas em menor proporção. Primeiro porque o consumo de jornais no Brasil é baixo. Segundo, porque os jornais perderam em parte essa imagem de informar mais e melhor. Provavelmente receosos pela reação do público diante de uma possível mudança de tratamento da informação e contidos pela pressão de custos, os jornais, principalmente, ainda hesitam em reduzir o conteúdo factual em favor de uma produção mais densa e contextualizada. Se com isso a própria mídia limita o campo de trabalho do jornalista, o conjunto de fatores por outro lado proporciona a abertura de novas oportunidades no campo da informação com densidade. A principal delas tem sido o livro-reportagem.

Curiosamente, as motivações para o crescimento do jornalismo em livro têm aqui o sentido contrário do que ocorre na Europa e nos Estados Unidos. Lá, a tradição da reportagem abre espaço para explorar mais profundamente nos livros temas que não interessam a jornais e revistas ou que já tenham sido muito abordados pelos periódicos. É comum encontrar nas livrarias americanas livros com diferentes enfoques sobre um mesmo assunto. Três ou quatro biografias simultâneas de um mesmo personagem. Aqui, uma parcela importante do livro-reportagem, a que trata de temas contemporâneos, ocupa basicamente o espaço deixado pela cobertura superficial dos periódicos.

Em relação a esse aspecto, o jornalista e escritor Zuenir Ventura argumenta que o público brasileiro está cansado de receber tanta informação e com frequencia nem sequer entende o que ela representa. Em entrevista (disponível no site *www.penadealuguel.com.br*), Zuenir arrisca um palpite sobre o porquê do lento despertar do jornalismo em livro: a superexposição da realidade fora de contexto. "O jornalismo tem informação demais, o que falta é explicação", diz. O livro vem fazer a tradução, interligar pedaços de fatos expostos de maneira fragmentada. Quando o assunto interessa ao leitor, ele vai atrás, lê, quer saber. Circunstâncias que fazem com que uma parcela dos leitores não se incomode em mergulhar numa massa de informações gigantesca, movida pela vontade de conhecer mais sobre determinado assunto ou, simplesmente, pelo prazer de ter acesso a uma boa história.

CONCEITO

Livro-reportagem é, então, um tipo diferente de jornalismo? Sim e não. A reportagem em livro tem claras diferenças em relação ao modelo praticado hoje pela média da imprensa brasileira. Mas, a rigor, é apenas uma reportagem, passível de empregar exatamente o mesmo padrão técnico e de conduta, como se fosse publicada em qualquer outro meio de informação. Em uma definição quase acadêmica, é possível dizer que livro-reportagem é um instrumento aperiódico de difusão de informações de caráter jornalístico. Por suas características, não substitui nenhum meio de comunicação, mas serve como complemento a todos. É o veículo no qual se pode reunir a maior massa de informação organizada e contextualizada sobre um assunto e representa, também, a mídia mais rica – com a exceção possível do documentário audiovisual – em possibilidades para a experimentação, uso da técnica jornalística, aprofundamento da abordagem e construção da narrativa.

A definição acima permite perceber o quanto o conceito de livro-reportagem guarda uma ligação estreita com a concepção de jornalismo. Em especial com o jornalismo "de profundidade", mais crítico e analítico. Do ponto de vista técnico, o livro revela-se como o instrumento mais rico para o exercício da profissão. Tirando o fator temporal, já que em geral o veículo não comporta temas de caráter efêmero, todos os demais princípios do ofício podem ser aplicados e explorados intensamente. Forma, conteúdo e, em especial, dimensão consistem no conjunto de características que diferencia o jornalismo em livro do praticado em outros meios.

Edvaldo Pereira Lima, jornalista, professor universitário e um dos principais estudiosos do assunto no Brasil, na obra *O que é livro-reportagem*, cunhou talvez a mais precisa definição no que diz respeito exatamente à dimensão da reportagem em livro: "Avançar as fronteiras do jornalismo para além dos limites convencionais que ele próprio se impõe". Uma das características mais marcantes do livro como veículo jornalístico é o mergulho profundo nos fatos, personagens, situações. Subentende-se que esse tipo de reportagem tem sempre a pretensão inequívoca de esgotar um assunto ou ao menos chegar muito perto disso.

Para a reportagem ganhar *status* de livro – ou o livro ganhar status de reportagem – são necessárias algumas condições, como o caráter não perecível ou pelo menos de maior durabilidade do assunto. Por não ser tão imediatista quanto a cobertura midiática, o livro-reportagem normalmente abre espaço para abordagens diferentes, originais, criativas, menos urgentes e mais aprofundadas. Biografias, temas históricos, perfis, memórias e relatos de grandes acontecimentos (guerras, revoluções, movimentos populares, convulsões sociais, crimes de grande repercussão) são os temas naturais desse tipo de publicação. Mas há outros. Muitos outros.

O livro pede um nível de detalhamento, profundidade e contextualização que outros veículos não conseguem oferecer. Até por sua extensão e pelo trabalho mais acurado de pesquisa, ele leva evidente vantagem em relação aos periódicos na hora de explorar as ramificações de um tema, as conexões entre fatos diferentes, os desdobramentos de cada história e as infinitas maneiras de contá-la. É uma forma de ter uma visão mais ampla e profunda, sem a fragmentação que caracteriza a cobertura jornalística cotidiana.

A concepção de um livro-reportagem requer informação capaz de superar as barreiras do imediato e do superficial, de modo a fazê-lo permanecer como objeto de interesse por muito e muito tempo. Pede também densidade, análise, conteúdo. Esses dois fatores estão quase sempre associados à extensão do texto e à capacidade do autor de construí-lo. A edição de um livro exige algumas condições no que tangem à forma e ao conteúdo. Além de uma linguagem um tanto diferente da do jornal ou da televisão, uma obra precisa ter no mínimo 48 páginas impressas para ser considerada livro, no Brasil. Se tiver menos não é livro. Pode ser livreto, folheto, catálogo, prospecto.

Apesar disso, as limitações são mínimas. Praticamente tudo pode ser objeto de um livro-reportagem, assim como qualquer assunto pode se transformar em pauta em jornais, revistas e emissoras de TV. O que diferencia a pauta no livro é o tratamento, pois fidelidade aos fatos e precisão é pré-requisito para qualquer boa reportagem. É preciso garantir ao assunto uma abordagem extensiva – e em geral trabalhosa – para levá-lo às páginas de um livro. É uma questão de oportunidade. Nem se cogita, por exemplo, dar um tratamento extensivo demais a um tema muito atual sem desdobramentos significativos. Nesses casos, uma reportagem de jornal ou revista pode dar conta da questão. Ainda mais quando se levam em conta que, no Brasil, os custos de edição são elevados e as tiragens dos livros bastante restritas (como se verá no próximo capítulo).

A NÃO FICÇÃO

Quando em 1965 Truman Capote denominou seu *A sangue frio* de "romance de não ficção" acabou sem querer estabelecendo uma distinção importante. Nem toda não ficção é jornalismo, mas todo o jornalismo tem de ser, por princípio, não ficcional. Os tempos de publicações como *O Cruzeiro* e sua realidade moldável à imaginação do repórter e ao impacto que poderia causar no público, felizmente, ficaram para trás. O que prevalece na comunicação jornalística do mundo ocidental de hoje é um pendor muito grande pela verdade, mesmo com toda a livre interpretação dos fatos.

O livro de Capote, apesar de brilhante, não era 100% verdadeiro. O problema não estava nos ingredientes importados da literatura, mas em bom número de imprecisões. Capote foi acusado de, entre outras coisas, distorcer e inventar diálogos, induzir declarações e até de ter mantido um relacionamento afetivo com um dos personagens da história. Para uma análise mais detida, convém lembrar que Capote, antes de enveredar pelo jornalismo, era um escritor talentoso e conhecido. Seu currículo de romancista ostentava obras de relativo sucesso, como *Bonequinha de luxo*.

Os críticos atacaram o autor sob vários aspectos, inclusive pelos métodos que empregava. Capote não tomava anotações durante as várias entrevistas, preferindo confiar apenas na memória. Para seus detratores, era como se o escritor estivesse fraudando a boa-fé deliberadamente. Ele costumava defender-se dizendo que anotações tiram a naturalidade da conversa. O tempo todo alegou ter produzido uma reportagem "imaculadamente factual". Algumas máculas foram descobertas, ainda que possam ter ocorrido de forma não intencional.

Uma reconstituição realizada pelo escritor Philip Tompkins demonstra alguns de seus escorregões. A investigação foi motivada justamente pelas reclamações de algumas fontes de que as transcrições do autor careciam de exatidão. Dona de um tradicional (e com fama de eficiente) departamento de checagem, diante de tantas críticas, a sempre ciosa *New Yorker* encomendou outra verificação do trabalho de Capote a um checador profissional – um jornalista que percorre o caminho de volta da apuração, atrás da veracidade da história ou de seus principais pontos. Foi contratado um profissional autônomo, sem nenhum vínculo com a revista, de modo que assegurasse o máximo de objetividade e isenção ao trabalho. O relatório do checador quase conferiu um atestado de idoneidade ao autor. Possivelmente encantado com o trabalho de Capote, o verificador não apontou nenhum problema grave. Os deslizes existiam, mas não comprometiam o cerne da história.

O fato de Capote já ser um escritor renomado pode tê-lo ajudado a safar-se de uma crise de credibilidade mais forte. Mas o episódio deixou, além do alerta para a necessidade de precisão, a impressão de que qualquer autor um pouco menos incensado teria sido prontamente crucificado. Mais tarde, diante da pressão, o próprio Capote recuou e admitiu ter tomado "algumas liberdades" ao montar a história. Mesmo assim, foi absolvido por seus editores e pelo público. *A sangue frio* é seu maior sucesso literário e também a obra que o alçou à condição definitiva de autor consagrado internacionalmente.

Narrado em tom de romance, o livro no final das contas – e apesar dos deslizes – possui um caráter indiscutivelmente jornalístico. Foi concebido, desde o começo, como uma reportagem. Tanto que saiu, primeiro, em uma revista. Capote elaborou uma pauta – com base em uma nota de jornal sobre a chacina de uma família no interior do Kansas –, apurou, escreveu e entregou o material para edição. A obra faz uma minuciosa reconstituição dos acontecimentos, como se eles se passassem aos olhos do leitor:

> [...] Naquela noite, quando Dewey saiu de seu gabinete no prédio do tribunal de Garden City, levou consigo para casa um envelope de papel pardo.
> Quando Dewey chegou em casa, Marie estava na cozinha preparando o jantar. Assim que ele apareceu, ela começou uma queixa interminável sobre os problemas domésticos. O gato da família tinha atacado o cocker spaniel que vivia do outro lado da rua, e agora parecia que um dos olhos do spaniel tinha sido seriamente afetado. E Paul, o filho deles de nove anos, tinha caído de uma árvore. Era um milagre ainda estar vivo. E o de doze anos, que tinha o mesmo nome de Dewey, tinha decidido queimar o lixo no quintal, mas dera início

a um incêndio que ameaçara os vizinhos. Alguém – ela não sabia quem – tinha chegado a chamar o Corpo de Bombeiros.

Enquanto sua mulher descrevia aqueles episódios infelizes, Dewey teve tempo de servir-se de duas xícaras de café. De repente, Marie parou no meio de uma frase e ficou olhando para o marido. Ele estava corado, e ela percebia que estava muito animado. E disse: "Alvin. Oh, querido. Boas notícias?". Sem dizer nada, ele entregou a ela o envelope de papel pardo. Ela estava com as mãos molhadas; enxugou-as, sentou-se à mesa, tomou um gole de café, abriu o envelope e tirou de dentro as fotografias de um jovem louro e de outro rapaz de cabelos e pele escura – fotos de fichas policiais. As fichas semicodificadas acompanhavam as fotos.

À parte os percalços, *A sangue frio* constitui-se em um novo marco para o jornalismo, ao introduzir com intensidade mais elementos da literatura à reportagem. Problemas com a exatidão não eram exclusividade de Capote nem daquela época. Outros autores consagrados foram alvo de questionamentos quanto ao conteúdo jornalístico de suas produções. Um deles, Ernest Hemingway. Os críticos o acusavam de relatar os fatos "a distância", sem presenciar nem reconstituí-los de maneira fidedigna. Também diziam que ele empregava colorações muito mais vivas que as reais em seus relatos.

A menção a esses fatos não constitui um questionamento da obra, da qualidade, do talento e muito menos da importância de autores como Capote e Hemingway. As cores vivas de Hemingway tornavam seu texto único. A descrição minuciosa das cenas fazia de Capote um cineasta do texto. Mas as menções pouco lisonjeiras a parte do trabalho dos dois guardam em si uma lição muito importante para qualquer profissional: ao jornalismo, não basta parecer honesto e bem-feito. Precisa ser profundamente calcado na realidade. Mesmo quando romanceado. Principalmente hoje, em que a disponibilidade de informação e os meios de consulta são tantos e tão acessíveis.

Eis um claro pré-requisito do livro-reportagem: exatidão. Aliás, essa é uma necessidade básica de qualquer trabalho jornalístico. Quanto mais precisa e detalhada, melhor a reportagem. E o modo de alcançá-la significa um longo e árduo trabalho de apuração, nos moldes do melhor jornalismo: muita atenção para com os detalhes e inteligência para interpretar dados e interligar fatos.

ANÁLISE

Uma reportagem pode ser descritiva, e limitar-se a narrar os acontecimentos, ou pode ser analítica, quando, além de narrar, agrega informações paralelas e confere maior grau de contextualização da história. O livro também pode ser meramente narrativo, mas presta-se melhor à informação contextualizada, enriquecida com dados e interpretações do autor ou de fontes de informação.

Se o livro tem sido o veículo ideal para ocupar os espaços deixados pela mídia institucional, não há como falar nele sem mencionar o jornalismo interpretativo. Em alguns momentos da história recente, o jornalismo brasileiro procurou empregar a interpretação com mais intensidade. Entre os diários de grande circulação, o caso clássico é o *Jornal do Brasil*, nas décadas de 1960 e 1970. Atualmente, *O Globo* e *Folha de S.Paulo* são os veículos da grande imprensa que mais frequentemente utilizam o recurso. Mesmo assim, muitas vezes a análise é apresentada em retranca à parte, e não no texto da própria reportagem. Já os magazines adotam um misto de interpretação com opinião – não raro eivada de preconceitos. Jornais alternativos como *Movimento* e *Opinião*, ambos da época do regime militar, também continham forte conteúdo opinativo – o que, aliás, assumiam sem disfarces –, mas isso não os impedia de produzir boas matérias interpretativas. Se tivessem sobrevivido às dificuldades econômicas naturais desse tipo de veículo, decerto teriam se tornado bons modelos nessa linha de reportagem.

Algumas publicações confundem análise com opinião. Opinião é, em resumo, um juízo de valor. É o modo como uma pessoa – ou um veículo – enxerga e avalia as situações a sua volta. Já o jornalismo interpretativo ajuda a formar opinião sem opinar diretamente. Ele consiste em agregar informações, sobretudo históricas, aos acontecimentos recentes, estabelecer correlações entre os fatos, relatar precedentes e antecipar consequências. Uma das atribuições do jornalismo é "somar dois e dois e chegar a quatro", diz o *Manual* do jornal *O Globo*. Interpretar, portanto, é garantir que o leitor tenha dados suficientes, com o máximo de objetividade, para chegar a um resultado plausível com base no que acabou de ler.

O uso do termo objetividade requer uma explicação. O jornalista deve sempre buscar a objetividade e a imparcialidade em seus textos não opinativos, mas não é possível acreditar na existência da objetividade pura.

Todo ser humano tem uma formação, um arcabouço de ideias, informações e preferências que influenciam seu modo de ver o mundo e de relatar o que vê, ouve e entende. A interpretação, portanto, deve ser tão "isenta" e "imparcial" quanto possível. Só não pode ser hipócrita, a ponto de se pretender à única virtuosa e correta. O leitor nem mesmo tem de concordar com o autor. Precisa, sim, receber elementos em que possa embasar sua própria análise e ter acesso a outros pontos de vista, diferentes do seu.

Outra confusão comum em alguns veículos é acreditar que jornalismo interpretativo e didatismo são a mesma coisa. Muitos veículos, principalmente jornais, empregam o didatismo como profissão de fé em seus textos. Explicam cada vocábulo diferente ou incomum, cada jargão, cada termo técnico. Em geral, o didatismo praticado no Brasil nivela os leitores por baixo, não educa e, não raro, é dispensável. Em vez de optar por uma linguagem clara e precisa, que traduza o conteúdo da notícia automaticamente para o leitor comum, o jornalista prefere empregar o jargão e explicá-lo logo em seguida, entre parênteses. E o faz por preguiça, despreparo ou pelo tolo temor de que suas fontes de informação o considerem "ignorante".

O jornalista poderia escrever que "os papéis vendidos pelo governo para financiar a cobertura de suas contas estão se desvalorizando entre os investidores privados que negociam esse tipo de papel". Mas a maioria prefere dizer que "os títulos da dívida pública voltaram a registrar deságio no mercado secundário..." Quando o conteúdo tem alguma explicação, em geral ela vem entre parênteses e não é lá muito esclarecedora: "Os c-bonds (principais títulos da dívida externa) fecharam ontem com queda de 0,14% em seu valor de face..." O texto tem tantos parênteses e travessões que mais parece uma mensagem em código. E isso acontece não só nos diários econômicos. Tem muito veículo que posa de defensor dos direitos do leitor que escreve isso e coisas até piores.

Se empregar esse tipo de escrita em um livro, o autor vai conseguir muitas coisas, menos fazer com que a maioria dos leitores se interesse pelo assunto. Só os mais obstinados e os familiarizados ao jargão vão chegar ao fim da história.

Fugir do jargão não basta, porém, para construir um texto fluido. O autor tem de ter o domínio do tema, saber exatamente o que contar e que relações estabelecer ao longo da narrativa. Isso se consegue, primeiro, com o perfeito entendimento do assunto e, segundo, com uma apuração rica em detalhes e perspectivas. O jornalismo aproximou o ato de fazer uma reportagem um pouco mais da História quando passou a empregar, principalmente em livros, métodos de apuração antes desprezados ou usados em escala desprezível. Essa sofisticação do método de apuração foi importante para criar uma cultura de densidade no jornalismo interpretativo, da qual o livro-reportagem acaba se favorecendo. O trabalho do autor torna-se um instrumento que permite ao leitor aprofundar-se nas questões, amplificar a visão dos fatos e interpretá-los a partir desses subsídios, por intermédio de sua própria ótica.

Mais do que simplesmente narrar histórias, a vocação do bom repórter é dimensionar os fatos que conta. Nenhum outro meio se compara ao livro, nesse aspecto. Nele o autor encontra condições de se expressar com clareza e profundidade, utilizando-se de todo o seu arcabouço de recursos profissionais, sem as limitações de tempo e espaço que caracterizam o trabalho nas redações.

O emprego de técnicas de apuração e de produção do texto facilita a tarefa quando o autor é capaz de relacionar acontecimentos do passado e suas influências nos dias de hoje ou no comportamento da sociedade, por exemplo. Ou mostrar como determinado momento histórico afetou e afeta o desempenho de um setor da economia ou o modo de ser de uma comunidade.

O livro-reportagem requer um levantamento de dados que permita conectar fatos e circunstâncias passados, mas também relacionar acontecimentos aparentemente sem relação direta com o tempo de que a obra trata. Em *Hiroshima*, por exemplo, John Hersey mostra como o impacto da bomba atômica e a rendição do Japão na Segunda Guerra marcaram para sempre o modo de vida, os hábitos e a cultura japonesa (ver o estudo de caso do capítulo Hiroshima: uma aula de jornalismo). Um livro sobre a história recente da Alemanha jamais poderá ignorar a traumática experiência do nazismo, assim como um retrato da Rússia terá de tratar necessariamente da vida sob o regime soviético.

Quando a jornalista Ana Cláudia Landi e eu escrevemos a biografia *Apenas uma garotinha – A história de Cássia Eller*, em 2005, sabíamos que muitas das informações já eram de conhecimento público, mas que estavam distorcidas no imaginário geral ou não haviam sido devidamente contextualizadas. Não esperávamos que a discrepância entre fatos e versões fosse tão grande. Durante a apuração, foi possível perceber que não apenas faltava um contexto bem definido. Havia também muitos dados conflitantes sobre a vida e principalmente sobre a morte da cantora, em dezembro de 2001.

Os laudos médicos, divulgados doze dias depois da morte, diziam que Cássia morrera em virtude de parada cardiorrespiratória, mas pouca gente registrara a informação. A sensação generalizada é de que a cantora fora vítima de overdose de drogas, uma suspeita não confirmada que a mídia divulgou no dia de seu falecimento e sustentou pela semana seguinte. Além de buscar elementos que esclarecessem a real causa da morte, a apuração foi procurar os antecedentes de saúde da cantora e revelou que, desde os 9 anos, Cássia sofria de uma doença, febre reumática, que compromete o funcionamento cardíaco. A enfermidade contribuiu para levá-la à morte, trinta anos depois.

O jornalista que escreve um livro tem de levar em conta todos esses fatores. É fácil perceber que, numa apuração mais alentada, muitos detalhes – às vezes decisivos para os acontecimentos – são desconhecidos do público. Um livro só atrairá o interesse do leitor se tiver novidades suficientes que compensem não só o gasto com a compra da obra, mas também o tempo empregado na leitura, entre outros fatores. Se a contextualização, a qualidade do texto, o nível de detalhes e a análise dos fatos que oferece encontram-se no mesmo patarmar de um periódico, parece óbvio que o consumidor estará mais bem servido com o periódico. Questão de custo-benefício. Em geral, um jornal ou revista custam menos que um livro, tratam de uma gama de assuntos mais variada, são editados mais rapidamente e podem ser lidos em bem menos tempo.

O texto mais elaborado do livro só é possível graças aos prazos dilatados em comparação com as redações. É uma característica que contribui muito para a apuração minuciosa e para o preparo adequado da forma final. Prazos elásticos permitem ao autor retomar entrevistas, rever pontos, investigar mais a fundo, mudar o enfoque com mais constância, conforme a necessidade. Sem *deadline* – ou sem um prazo apertado, pelo menos –, o livro em geral ganha qualidade, assegura seu caráter atemporal. É quando o jornalismo revela as melhores facetas de suas conexões com a história: acurácia e profundidade.

A função da reportagem reside em encadear informações por meio de um processo narrativo e documental que desenvolva a percepção e a compreensão por parte do receptor da mensagem. Quanto mais atrativa, completa e límpida for a mensagem, mais satisfatório será o resultado. Documentação é uma das principais chaves. Um perfil que se baseie apenas no relato do personagem e dos que o conheceram é substancialmente mais pobre do que uma investigação profunda feita com base em uma pesquisa histórica, bibliográfica, com documentos, investigativa.

No Brasil, o termo investigar costuma ter uma conotação de trabalho policial, mas não significa apenas procurar irregularidades, mentiras, trapaças. É também penetrar fundo na alma de um personagem, conhecer seus hábitos, sua cultura ou retratar com minúcias o modo de vida de uma época. É contextualizar os fatos, analisar as circunstâncias, revelar os acontecimentos, levantar dados novos. Reter-se apenas à dimensão factual presente é a maneira mais fácil de empobrecer o trabalho e transformar o que poderia ser uma grande reportagem em um amontoado de frases coordenadas e sem vida.

Reportagem é feita de detalhes, de descrições, de revelações. Mas é também feita de gente. Há profundo interesse por parte do público sobre a vida das pessoas, sobre quem está fazendo o quê, quem são os protagonistas dos grandes sucessos em todos os campos, esportivo, social, cultural, político e econômico. O interesse do público levou o diário econômico americano *The Wall Street Journal* a reforçar a publicação de perfis de personalidades da área econômica e de negócios em 2005 e a criar, em janeiro de 2006, um índice de pessoas citadas em suas páginas. Por intermédio de um comando digital, um programa de informática gera um índice alfabético de todos os nomes próprios mencionados naquela edição e em que página ou páginas a pessoa aparece.

A jogada do *Wall Street* tem muito a ver com o esforço permanente para elevar os índices de leitura. Sabendo, pelo índice, da menção de alguém "importante" – ou até de si mesmo – naquela edição, o leitor, por curiosidade, vaidade ou necessidade, vai automaticamente em busca daquele texto. De passagem, acaba lendo mais alguma coisa que talvez nem sequer o interessasse. É algo que os jornais financeiros já fazem com as empresas. O índice de empresas chegou ao mercado brasileiro pelas revistas. É comum nos magazines de economia, negócios e gestão, mas aparecem também nas publicações femininas, sobre consumo, saúde ou dietas. A prática foi inaugurada nos jornais do país pelo *Valor Econômico*, em 2000. A *Gazeta Mercantil* adotou a novidade algum tempo depois.

Se a menção a pessoas torna a leitura do jornal e da revista tão atrativa, que esperar, então, dos livros. Neles, principalmente, a reportagem precisa sempre dar a dimensão humana da situação, até como forma de tornar a leitura do longo texto mais palatável. Elencar informações que permitam ao leitor concluir como funciona a personalidade dos envolvidos na história costuma surtir ótimos efeitos para o conjunto da narrativa.

Foi o que fez o jornalista Elio Gaspari na série de livros sobre o regime militar no Brasil. Já na primeira obra da série, *A ditadura envergonhada*, Gaspari vai aos poucos traçando perfis dos principais personagens. Mostrar as preferências, o nível cultural e até o estado normal de humor de um general-presidente ajuda a explicar, em grande parte, seu modo de agir. A humanização do relato, além de despertar, facilita a contextualização dos fatos e abre boas perspectivas para a receptividade da obra no mercado.

CAPÍTULO IV

Manancial quase inexplorado

PEQUENO, MAS PROMISSOR

A amplificação do mercado para livro-reportagem no Brasil coincide em parte com o crescimento de todo o setor editorial, nos anos 1980. Além da crise específica dos veículos impressos, a produção jornalística literária foi influenciada diretamente pela abertura política e fim do regime militar e pela profunda instabilidade pela qual passou a economia brasileira antes que o Plano Real pusesse alguma ordem na casa, em 1994.

A redemocratização do país possibilitou a publicação de algumas obras que desvendavam os últimos anos do período militar e os primeiros da volta ao poder civil. São dessa época livros como *O complô que elegeu Tancredo*, realizado a oito mãos por Ricardo Noblat, José Negreiros, Roberto Lopes e Gilberto Dimenstein (1985), e *República dos padrinhos*, de Dimenstein (1988). *O complô* conta como, na última eleição indireta do país, o colégio eleitoral (Congresso) se mobilizou para eleger o candidato de oposição contra o indicado dos militares, o então governador paulista Paulo Maluf. Em *República*, o autor narra os episódios de corrupção e nomeação para cargos políticos ocorrida no mandato do primeiro civil após trinta anos de militarismo. Todos sabem, mas não custa lembrar que o presidente era José Sarney. Vice de Tancredo na eleição indireta, ele ocupou a presidência quando o titular morreu antes de tomar posse.

Livros com esse perfil, tratando dos bastidores da política e das dificuldades da economia daquela época, fizeram imediato sucesso. Não só os temas, mas também a maneira de explorá-los tinham um sabor de novidade. Comentadas na mídia, as obras logo figuraram entre as mais vendidas e projetaram seus autores. Dimenstein acabou convidado para dirigir a sucursal da *Folha de S.Paulo* em Brasília logo depois da cobertura do surgimento da "nova República" (como ficou conhecida a fase pós-regime militar), no *Jornal do Brasil*, e da publicação de *O complô que elegeu Tancredo*. O sucesso só não foi maior porque, como quase tudo que diz respeito a livros no Brasil, as primeiras obras daquela safra esbarraram na pequena projeção do mercado.

Olhando os títulos lançados na ocasião, é possível perceber o quanto estavam impregnados da linguagem do jornal. Isso não era necessariamente ruim. Na verdade, o livro-reportagem tradicional sempre teve e sempre terá muito do texto jornalístico clássico: poucos adjetivos e muita informação.

Chama atenção o fato de que obras de maior fôlego – com características mais históricas, principalmente no que diz respeito à pesquisa – só começaram a aparecer mais tarde.

Depois do regime militar, a economia passou a ser assunto central no país. As seguidas tentativas de domar a inflação também renderam uma série de títulos. Nesse caso, predominavam, em vez de reportagens, algo parecido com as "matérias de serviço". Profissionais especializados puseram-se a decifrar a economia para o público, numa tentativa de aproximar o leitor de um assunto que é hermético – e que já foi muito mais –, mas importante. *De olho no dinheiro*, de Paulo Henrique Amorim (1988), segue essa linha.

Trata-se de uma espécie de guia do então editor de economia da TV Globo para fazer o salário render em tempos de inflação elevada – o trabalhador perdia um quinto do poder de compra em menos de um mês. Naquele ano, a inflação oficial (INPC) foi de inimagináveis 993%, média de 22% ao mês. Anos mais tarde, jornalistas começaram a fazer história, no sentido estrito do termo, ao narrar em livros os bastidores dos planos econômicos daquele período.

O que acabou beneficiando de fato o mercado foi a conquista da estabilidade relativamente tranquila, que já dura mais de uma década, proporcionada pelo Plano Real, depois de uma sucessão de fracassos nesse terreno. Com a economia estável, a circulação de livros cresceu. Nos dois primeiros anos de inflação sob controle e moeda forte, o número de exemplares vendidos aumentou 68% e chegou a 374,6 milhões, revela a Câmara Brasileira do Livro (CBL). No encerramento de 2004, uma porção considerável do crescimento havia sido perdida, mas parte dele sobrevivera. Com 288,7 milhões de exemplares vendidos, a edição de livros encerrou a primeira década do real com crescimento de 30%.

Com esses números, o Brasil tornou-se o décimo maior mercado editorial do planeta em volume de exemplares, mas a estatística fria mascara parte da realidade. A existência de apenas 26 milhões leitores ativos – cerca de 30% dos adultos alfabetizados – não faz do Brasil nenhum paraíso para editores e autores. Pesquisa feita pela CBL em 2004 mostra que 61% da população adulta alfabetizada têm pouco ou nenhum contato com livros de qualquer gênero. Dados devidamente relativizados mostram que o consumo de livros estacionou, em número redondo, no singular, em um exemplar por habitante/ano. A média só sobe para perto de três quando consideradas as publicações didáticas, cuja participação no mercado total beira os 70%.

O contraexemplo inescapável, os Estados Unidos, têm média *per capita* de sete livros por ano. Considerando o universo total de publicações e que os segmentos esotérico e de autoajuda têm papel preponderante no Brasil, a conclusão é de que o espaço para o livro jornalístico é um tanto limitado. Estatísticas de venda por gênero praticamente não existem. Ainda assim, a CBL tem alguns números, relativos a 2003. Naquele ano, os livros religiosos somaram mais de 24,7 milhões de exemplares. A categoria ficção, em segundo lugar, vendeu 12,8 milhões de unidades. Em terceiro e quarto lugares, quase empatados, ficaram as obras de consulta e referência (8,9 milhões) e os livros de legislação e direito (8,4 milhões). Autoajuda (4,6 milhões) e administração e gestão (2 milhões) completam a lista dos mais vendidos.

A análise dos números mostra que os livros jornalísticos ainda não figuram entre os de maior status. Mesmo assim, a situação melhorou bastante – como aliás a de todo o mercado. A modernização técnica barateou uma parcela da produção editorial e deu campo ao surgimento de grande número de novas editoras. Paralelamente, a predisposição do público em consumir novos títulos e o corte radical de espaço editorial nos periódicos deram ao livro-reportagem a oportunidade de vicejar – ainda que em volumes modestos – entre um ainda restrito e seleto grupo de leitores. Se existe uma vantagem no fato de o mercado ser tão pequeno é exatamente o potencial que ele tem de crescer. O livro-reportagem está muito longe de alcançar a maturidade comercial no Brasil. O desenvolvimento econômico, social e cultural tendem a impulsioná-lo cada vez mais.

CRISE EM PAPEL

Se o livro-reportagem não substitui o jornal e a revista, pode perfeitamente ocupar os espaços deixados pelas deficiências da cobertura cotidiana – complementando-a ou fazendo o que outros meios não fazem. Convém notar que o crescimento do livro-reportagem no Brasil começa a se dar quase ao mesmo tempo da inauguração da era da informação em pílulas, digital, quase instantânea. E não por acaso. Pelo menos uma parcela do público dá sinais claros de que aquela ideia, fomentada por alguns jornais, que o leitor não quer textos longos e profundos é equivocada. O público decididamente já demonstrou não querer textos chatos ou sem conteúdo. São essas pessoas que estão recorrendo aos livros em busca da reportagem perdida.

Alguns fatores são responsáveis por essa situação. A informação escrita periódica vai perdendo terreno para os meios eletrônicos, ainda que a internet seja basicamente escrita. Talvez, então, fosse mais correto falar em informação periódica em papel. Também concorre para isso o já mencionado ajuste dos veículos impressos. Esse processo tornou-se ainda mais brutal quando muitos desses veículos, surpreendidos pelo estouro da bolha da internet, promoveram cortes mais radicais nas redações convencionais, já bastante afetadas pela crise, para estancar a sangria causada pelos investimentos em outros segmentos, inclusive nos serviços online.

Com menos espaço, menos profissionais e menos leitores, jornais e revistas eximiram-se, em parte, de oferecer ao público textos mais densos, profundos e analíticos. Não que falte análise e opinião na imprensa brasileira. Colunas e artigos surgem em profusão, muitos deles escritos por especialistas em política, economia, negócios, tecnologia etc. O que nem sempre há é um aprofundamento dos temas, algo que combine análise com informação, que forneça ao leitor mais exigente uma visão mais ampla da realidade. Ele é obrigado a contentar-se com a visão particular do articulista. Sobram colunas de análise, mas há pouco espaço para a interpretação no noticiário.

Isso ficou definitivamente claro para mim em 1994, quando ocupava o cargo de editor-adjunto de economia na *Folha de S.Paulo* e assisti ao período mais dramático da crise de espaço de toda a minha carreira. O jornal passou a oferecer, nas edições de domingo, um atlas universal ilustrado de alta qualidade – também publicado pelo *The New York Times*. A novidade, anunciada em campanha publicitária, agradou em cheio. A circulação da *Folha* saltou de pouco mais de 500 mil exemplares aos domingos para mais de 1,1 milhão. O sucesso editorial, combinado com a estabilização recente da economia (Plano Real), atraiu dezenas de anunciantes.

Quanto maior a circulação, mais diluído o custo da publicidade. O anunciante atinge um público maior pelo mesmo preço e tem, portanto, uma relação custo-benefício melhor. Quem já anunciava no jornal regularmente ampliou o número de inserções comerciais. Anunciantes eventuais aumentaram a frequência. Empresas que ignoravam a publicidade em jornal passaram a comprar espaço. Em poucas semanas, a *Folha* começou a enfrentar um problema: o número de páginas da edição já havia chegado ao máximo da capacidade de produção da gráfica. Uma parcela maior que a habitual da edição de domingo começou a ser fechada muito antes, com matérias "frias". A edição dominical tinha tantos anúncios que a redação já tinha dificuldade em abrigar todas as colunas e seções fixas do jornal. O espaço que sobrava para o noticiário – sem falar em reportagem – era mínimo.

Por alguns meses, o jornal fez enorme sucesso comercial, com muita inserção de anúncios até mesmo nos outros dias da semana, o que foi ótimo para a saúde financeira da empresa. À parte a discussão se o método empregado pela *Folha* é ou não o mais adequado, os jornalistas precisam entender que a sobrevivência da profissão também passa pelo fortalecimento comercial dos veículos. Mundialmente, as grandes empresas de comunicação, com exceção das públicas, sobrevivem principalmente da receita publicitária. O único senão, nesse caso, foi o fato de que as limitações técnicas e o grande volume de anúncios reduziram o espaço editorial e prejudicaram o noticiário da edição mais importante da semana. O consumidor que comprou o jornal apenas pelo atlas pode não ter se dado conta, mas o leitor regular, aquele que gosta do conteúdo do jornal, deve ter ficado com a sensação de que foi logrado, ainda que a empresa o tenha feito involuntariamente.

O problema ocorrido na *Folha* é exemplar pela situação em si, mas não configura o caso típico da crise de espaço na mídia nos últimos anos. Tanto que não perdurou. Ao final da promoção, o jornal retomou a normalidade, tendo até agregado mais gente à sua carteira de leitores fiéis. O problema dá-se justamente na situação contrária, quando os veículos são obrigados a cortar espaço para conter custos, já que as receitas não conseguem cobrir as despesas. É possível que essa visão puramente gerencial – e, repito, as empresas também têm de pensar nisso – tenha impedido uma recuperação da mídia impressa até o momento. Ao oferecer um produto mais pobre, os veículos afastaram parte dos leitores – e, por consequência, dos anunciantes –

e deixaram de conquistar novos consumidores, impedindo com isso a renovação da clientela e o aumento da receita.

O livro-reportagem insere-se nessa lacuna, não como substituto, mas como complemento da cobertura tradicional, como veículo capaz de informar, revelar, documentar e analisar. Então, se o livro-reportagem no Brasil move-se no vácuo da cobertura jornalística, esse é um mercado que não sobreviveria a uma mudança de postura dos jornais no sentido de ampliar o espaço da reportagem, certo? Errado. Essa é uma peculiaridade do mercado brasileiro. O livro-reportagem é um fenômeno mundial. Nos países em que a tradição da reportagem é grande, os livros jornalísticos fazem ainda mais sucesso, num processo de referência mútua entre livros e jornais, que se autoalimenta.

A reportagem em livro não sobrevive somente das falhas de cobertura e da suposta miopia dos periódicos para com determinados assuntos. Bebe também na fonte de suas virtudes. A cobertura diária, intensa e bem-feita de, por exemplo, uma Comissão Parlamentar de Inquérito (CPI) no Congresso não impede que um jornalista mais atento e curioso investigue os bastidores de todo o processo, colha detalhes reveladores inéditos e apresente, em livro, uma reportagem com aspectos até então desconhecidos. Livro, jornal, revista e outras mídias são veículos que não competem entre si. A mudança de postura por parte dos periódicos só faria com que os livros jornalísticos se tornassem também mais rigorosos e completos, a fim de oferecer um produto que o leitor não encontra nem mesmo nos melhores veículos dedicados à reportagem.

Por questão de espaço e tratamento, o livro consegue um resultado mais amplo e profundo. Quer outro exemplo? Em um caso hipotético, terminou uma Copa do Mundo, e o Brasil, favoritíssimo, deixou escapar o título de campeão. O que aconteceu nos bastidores? A que se pode atribuir a inesperada derrota? Foi uma guerra de egos, um problema com a premiação, menosprezo aos adversários, excesso (ou falta) de confiança ou tudo isso junto?

É certo que futebol e CPIs não são assuntos que interessem a todos. Também não despertam paixão na mesma medida no conjunto de interessados. Boa parcela de leitores vai se contentar ao ler uma boa reportagem sobre um desses temas, mas outra parte ficaria feliz de ter acesso a uma visão aprofundada. Foi o que ocorreu com *A República dos padrinhos*. Boa parte das informações do livro foi publicada ao longo de meses na *Folha de S.Paulo*. A obra apenas enriquece a cobertura com detalhes, novas revelações e, principalmente, com a consolidação, o trabalho de juntar e estabelecer conexões entre os fatos.

Desse modo, o livro vai ganhando importância para o jornalismo como complemento da cobertura normal, como um enriquecimento da democracia e uma forma de tornar o acompanhamento da história mais presente. Essa modalidade de reportagem toma vulto na medida em que o mundo se torna mais complexo e o interesse da sociedade se vê dividido diante de uma variedade grande e de uma massa colossal de informações.

E o livro tem sobrevivido mesmo com toda a tecnologia de arquivos digitais. Assim como o jornal não sucumbiu inteiramente à televisão nem à internet, o livro em papel ainda resiste à chegada de obras digitais – os *e-books*, que com frequência acabam impressos pelos próprios leitores, porque a leitura em papel é mais confortável que na tela do computador – e outras novidades. Ainda não se inventou nada mais prático que um volume encadernado. Sem falar no prazer que o leitor comum tem de folhear, segurar, sentir o objeto livro. Pode ser que a tecnologia suplante definitivamente o atual modelo um dia, mas a concepção de uma obra literária – no sentido genérico – e a palavra escrita permanecerão como dois dos maiores bens intelectuais da humanidade.

A existência, há séculos, do produto livro no padrão em que é conhecido hoje e as perspectivas de manutenção por muito tempo ainda colaboram para o crescimento contínuo do interesse de editoras e autores por essa alternativa jornalística. No Brasil e no exterior. Mercados desenvolvidos, como o americano e o europeu, são palco de centenas de lançamentos de jornalismo em livro todos os anos. Se não têm as tiragens dos *best-sellers* – às vezes, até têm, principalmente nos Estados Unidos, quando se trata da vida de figuras públicas ou casos de grande repercussão –, esses produtos possuem ao menos um público cativo. Em geral, constituído por leitores exigentes, que prezam a informação completa e abalizada, que só se satisfazem com histórias bem contadas, são curiosos e mais críticos que a média. O consumidor de livros também lê os periódicos, mas justamente por gostar de ler e de se informar, costuma querer sempre mais.

No Brasil, já é possível constatar a mesma tendência. A diferença está na parcela do público cativo, bem menor. Num universo de mais 185 milhões de habitantes, menos de 15% compram livros regularmente – os tais 30% dos adultos alfabetizados. Pesquisa da Universidade do Estado do Rio de Janeiro financiada pelo Banco Nacional de Desenvolvimento Econômico e Social, o BNDES, mostra que, só em 2003, 44 milhões de exemplares (15% do total publicado naquele ano) deixaram de ser vendidos. Uma perda que acaba desestimulando e tirando a ousadia das editoras.

As tiragens também são limitadas, devido ao restrito número de leitores. O normal no Brasil é uma edição com mil a três mil exemplares iniciais para a maioria dos gêneros, incluindo o livro-reportagem. Reimpressões são feitas de acordo com o desempenho de vendas. Autores absolutamente bem-sucedidos têm tiragens iniciais maiores, na casa de cinco mil ou até dez mil exemplares. Também fogem dessa regras algumas obras religiosas, de referência e, principalmente, didáticas.

Público diminuto e tiragens contidas constituem praticamente dois problemas em um só, mas há um terceiro fator a tolher o mercado editorial no Brasil: a distribuição. Ela é cara, porque, entre outros fatores, o país, além de grande demais, tem mercado consumidor concentrado no Sul e Sudeste e distribuição de renda desigual. A esmagadora maioria das editoras localiza-se na região Centro-Sul. Levar livros para outras praças é um processo dispendioso, com uma relação custo-benefício incerta, devido ao consumo ainda menor de leitura fora dos estados mais endinheirados.

Os programas oficiais de incentivo à leitura têm se mostrado extremamente tímidos. E o brasileiro médio, por apresentar baixa escolaridade, não exibe a mesma avidez por livros que demonstram, por exemplo, os chilenos ou irlandeses, para não mencionar nações mais ricas. Nesses dois países, cujo nível sociocultural médio é ligeiramente superior ao brasileiro, o grau de leitura é de duas a três vezes maior que no Brasil. Não será de espantar se, em poucos anos, o fosso econômico-social entre cá e lá aumentar bastante. Os livros, de qualquer espécie, mas principalmente os sérios, são indutores de educação e desenvolvimento sociocultural e econômico. Uma sociedade que lê, se educa e se informa tende a se tornar cada vez mais exigente, culta e preparada.

Diante de tantos obstáculos e da falta de uma resposta concreta a eles no Brasil, fica fácil perceber que o crescimento do mercado editorial no país tem sido constrangido por uma série de fatores econômicos e culturais, incluindo a baixa inclinação da população à leitura, a falta de incentivo e a renda insuficiente, que reduz o potencial de consumidores.

Seria de desanimar, não fosse a demonstração de que a venda de livros resiste e até cresce pouco a pouco. A própria sobrevivência do livro-reportagem em cenário tão adverso constitui uma prova do interesse em torno do gênero e do potencial que pode adquirir à medida que o país melhorar as condições econômicas e culturais da população.

SUBGÊNEROS

Embora as estatísticas não especifiquem por gênero, empiricamente é possível constatar que o grosso da produção de livro-reportagem hoje no Brasil se concentra em biografias. É o subgênero mais popular, até pelo desejo natural que o ser humano tem de conhecer a vida das pessoas públicas, em especial aquelas rotuladas como vencedoras ou que tenham, por alguma razão não necessariamente positiva, alcançado a notoriedade. Já existe até uma nata de jornalistas dedicando-se exclusivamente aos livros, com atenção especial para a biografia. Fernando Morais e Ruy Castro despontam como os representantes mais óbvios e destacados desse time. Tanto que seus métodos de trabalho – ao lado dos de Jorge Caldeira – até já se tornaram objeto de uma tese (editada no livro *Biografias e biógrafos*, de Sérgio Villas Boas) na Universidade de São Paulo.

A variedade da produção nacional, porém, mostra que há muito espaço. Livros como *Rota 66*, de Caco Barcellos, *Dias de ira*, escrito por Roldão Arruda, e *O caso da Favela Naval: polícia contra o povo*, do jornalista Sérgio Saraiva e do procurador de Justiça José Carlos Blat, são exemplos clássicos de bom jornalismo policial sem os vícios e jargões que marcaram a cobertura dessa área até os anos 1980 na imprensa brasileira.

Curiosamente, duas das reportagens (*Rota 66* e *Favela Naval*) focam os crimes praticados pela polícia. A outra, relata assassinatos em série cometidos contra homossexuais sob olhar complacente de parte da sociedade de São Paulo. Os três casos representam o exemplo vivo do jornalismo em pleno exercício de seu papel de fiscal da sociedade. A obra de Blat e Saraiva, aliás, vai além. Os autores conseguem dar um tratamento interessante e bem-acabado a um assunto já explorado por todas as mídias. Esse caso é exemplar da força do livro. A Globo, maior rede de televisão do país, já havia exibido, no Jornal Nacional – o programa de maior audiência da TV brasileira – uma gravação em vídeo, feita às escondidas. A fita mostrava o espancamento de três rapazes e o tiro, pelas costas, contra o carro com o qual deixavam a favela, após serem liberados pelos policiais.

O vídeo foi decisivo para a condenação dos PMs participantes da ação. Mesmo com a força das imagens e a cobertura intensiva de toda a mídia, o livro consegue avançar e lançar sobre a história um olhar mais aprofundado. Os autores fazem uma reconstituição pormenorizada dos fatos, um trabalho de investigação mais profundo até mesmo que o do inquérito policial. Ao relatar porque soldados da PM paulista realizaram um bloqueio que resultou no espancamento e morte de um trabalhador inocente, a obra revela:

> Os policiais, que agiam dia sim, dia não na favela Naval, estavam pressionando os "donos da boca" para receber um aumento no valor de propinas e não para coibir o tráfico. Os traficantes não aceitaram a "proposta" e deixaram de pagar pela impunidade em novembro de 1996. Como represália, menos de um mês depois, Gambra e parceiros começaram a realizar os bloqueios. Pretendiam causar prejuízos até dobrar os supostos agentes, conhecidos apenas por Negão e Ratão.
>
> Essa hipótese de extorsão foi defendida, com convicção, pelo ex-coronel e deputado Roberval Conte Lopes (PPB), um dos integrantes da CPI de Diadema. Eleito com o marketing de matador de bandidos, o deputado baseou-se em investigações pessoais e nas informações do serviço reservado da PM.

Um caminho diferente, mas igualmente investigativo, foi o trilhado por Douglas Tavolaro, autor de *A casa do delírio*, livro que mescla a narrativa da história do Manicômio Judiciário de Franco da Rocha, o maior do Brasil, com pitorescas e emocionantes histórias de seus internos – como a reconstituição da passagem pelo manicômio de João Acácio, o Bandido da Luz Vermelha, anos antes. Concebido como trabalho de conclusão do curso de jornalismo, a obra é uma reportagem sensível, comovente e reveladora.

Já os livros de Elio Gaspari sobre o período militar no país (a série *A ditadura envergonhada*, *A ditadura escancarada*, *A ditadura encurralada* e *A ditadura derrotada*) são ao mesmo tempo uma grande reportagem – ou um conjunto de grandes reportagens – e um trabalho dotado de um esmero histórico praticamente inédito para os padrões jornalísticos brasileiros. Todo um período e seus protagonistas foram reconstituídos por uma extensa série de entrevistas e rigorosa coleta informações em documentos.

Nenhum desses livros, com exceção de algumas grandes biografias e da série de Gaspari, tiveram uma vendagem de *best-seller* no Brasil. Mas a maioria angariou prestígio e reconhecimento suficientes para demonstrar a seus autores que o livro-reportagem vale a pena.

A prova de que a demanda por livros-reportagem existe está no crescente número de títulos à disposição nas livrarias. Além dos exemplos mais clássicos, há incontáveis retratos dos bastidores da política e da economia, importantes relatos de feitos esportivos, perfis, livros com entrevistas, história da música e narrativas históricas sobre agremiações esportivas ou de crimes de toda natureza etc. A variedade permite concluir que o universo de gêneros abordados pelo livro-reportagem é tão extenso quanto os assuntos passíveis de uma reportagem. Tende ao infinito. E há mercado para tudo que atice a curiosidade humana.

O desafio do país – incluindo governo, educadores, jornalistas, empresas de comunicação, editores – consiste em desenvolver o hábito da leitura e da discussão de ideias como forma de retirar a parcela menos assistida da sociedade de seu atraso secular e ampliar o consumo de produtos culturais dos demais segmentos. Parte desse desafio está em produzir obras acessíveis – financeira e intelectualmente – e incentivar a população, em especial os jovens, a acorrer a ela.

SOBREVIVÊNCIA

A produção desses e de muitos outros livros-reportagem costuma consumir muito tempo e muito de trabalho. Às vezes, anos. A apuração de *Apenas uma garotinha* consumiu dezoito meses, entrevistas com cinquenta fontes identificadas mais dez anônimas (*off the record*), a leitura de centenas de edições de jornais e revistas, a busca por documentos em cartórios, delegacias e no fórum do Rio de Janeiro. A série de Gaspari levou quase vinte anos para ficar pronta, exigiu a consulta de milhares de documentos e a realização de centenas de entrevistas. O trabalho é gigantesco (mas gratificante, como se verá no próximo capítulo), mas nem de longe isso costuma representar o maior dos problemas para os autores. A parte mais difícil costuma ser conciliar a feitura de um livro com a sobrevivência.

Confrontado com uma pergunta recorrente – "É possível viver de livro no Brasil?" –, o jornalista e escritor Ruy Castro, entrevistado do programa Roda Viva, da TV Cultura deu uma resposta bem-humorada: "É possível, se você não parar de escrever um minuto". À parte a piada, a resposta tem muito de verdadeira. O próprio autor explica que se pode obter uma renda satisfatória com livros em duas situações, nos primeiros meses depois do lançamento de um grande sucesso ou quando já se tem várias obras publicadas. Com o lançamento de *Carmen, uma biografia*, sobre a cantora Carmen Miranda, no final de 2005, Ruy Castro computava a autoria de vinte obras.

Quem quer escrever livros de não ficção no Brasil tem de saber que é muito difícil viver exclusivamente da obra literária, em função das tiragens limitadas. Sobre o preço do livro, o autor recebe 8%, 10%, 12% ou, em casos raros, 15% de direito autoral. Percentuais maiores, só para autores absolutamente consagrados, verdadeiros *best-sellers*. É quase impossível a sobrevivência também para o escritor de ficção, a menos que escreva para outros meios, como TV e teatro, o que também não é nenhuma garantia. Até por isso é que a maior parte dos escritores brasileiros tem uma profissão como ganha-pão e só a abandonam quando e se os resultados com a literatura são bons o bastante.

A diferença é que o autor de ficção emprega muito menos tempo em pesquisa, quando emprega. Os ficcionistas que não se ofendam, por favor. Isso é apenas uma constatação. No livro-reportagem, a apuração costuma tomar mais tempo que a elaboração. No caso de *Apenas uma garotinha*, o texto propriamente dito consumiu cerca de 10% do período de trabalho dedicado à obra. A etapa mais trabalhosa consistiu em levantar e organizar as informações.

A menos que tenha recursos para se manter enquanto realiza o projeto, o autor precisa aprender a conciliar as tarefas do livro com o dia a dia da redação que assegura seu sustento. Isso requer muita disciplina. Principalmente quando há prazos a cumprir. Até para zelar por seu bom nome no mercado de trabalho, o jornalista não pode malbaratar seus deveres em nenhum dos dois trabalhos. Ele tem um compromisso com a empresa que o contrata e com o público do veículo para o qual trabalha. Tem igualmente obrigações com a editora de seu livro, com seu público e com sua própria obra. Muitas vezes terá de ajustar sua dedicação ao livro a seus horários e compromissos profissionais.

Uma alternativa para quem pretende ter mais tempo e liberdade para se dedicar ao livro seria o trabalho free-lancer. Seria, porque, na prática, ela não é uma opção para todos. No Brasil, decidir pela vida de free-lancer não representa, exatamente, uma opção. Pode até ser – existem vários profissionais, alguns deles renomados, que por opção própria deixaram a rotina massacrante e passaram a colaborar com várias publicações. Mas em geral vida de free-lancer é uma contingência.

O mercado, saturado pela crescente formação de quadros e pelo encolhimento da mão de obra empregada, acaba empurrando muita gente para a condição de autônomo. Esses muitos disputam um número limitado de trabalhos a realizar.

Em outros países, essa situação já não representa um sonho. Milhares de jornalistas europeus trabalham como free-lancers por opção própria. Escolhem os trabalhos que querem realizar, em geral para publicações de prestígio ou em veículos com os quais tenham alguma identidade pessoal. Vários deles elegeram esse caminho para desfrutar de tempo e liberdade a fim de se dedicar também aos livros. É o caso específico do alemão Günter Wallraff, de quem já falei brevemente na introdução, autor de vários livros-reportagem, dois deles publicados no Brasil: *Cabeça de turco* e *Fábrica de mentiras*. No primeiro, seu maior sucesso, com mais de trinta milhões de exemplares vendidos no mundo até 2005, o jornalista conta as agruras de um migrante árabe para o mundo civilizado europeu. No segundo, relata os métodos pouco ortodoxos e muito discutíveis do jornal sensacionalista *Bild*, notório por distorcer fatos e inventar histórias.

Quando esteve no Brasil, em 2004, Wallraff falou sobre seu método de trabalho ao jornal *A Notícia*, de Joinville (SC). Na entrevista, o autor conta que chegou a recusar um emprego fixo em uma prestigiosa revista alemã (provavelmente a ótima *Der Spiegel*) para não prejudicar seu método de trabalho. Além disso, ele não queria se comprometer com prazos: teria de escrever um artigo a cada duas semanas, o que não seria compatível com seu modo de produção e poderia tornar o trabalho, a seu ver, superficial.

Enquanto isso não se torna possível no Brasil, resta aos jornalistas continuar lutando para assegurar o pagamento das contas de todo mês e enfrentar com algum estoicismo as adversidades do mercado. E entregar-se ao trabalho, que, como se verá a seguir, não é pouco.

CAPÍTULO V

Teoria é bom, mas prática é melhor

Quer saber como é bom fazer um livro? Sugiro um exercício de imaginação. Pense no trabalho que uma boa reportagem dá ao seu autor: o sucesso da empreitada é diretamente proporcional à satisfação do repórter. Agora multiplique esse trabalho (e, do mesmo jeito, o prazer) várias vezes e você terá uma vaga ideia do que representa publicar uma reportagem em forma de livro. Mas, lembre-se: para se chegar a bons resultados é preciso habilidade, domínio da técnica, mas também disciplina e método.

Neste capítulo trataremos das várias etapas necessárias para se fazer um bom livro. Dividir as tarefas em etapas e organizá-las de maneira lógica, mesmo que seja uma lógica muito pessoal, facilita bastante a vida. Sem organização, o risco de se ver soterrado pelo volume de informações torna-se gigantesco. Um *script* simplificado sugeriria os seguintes passos para a produção de um livro-reportagem: primeiro, o jornalista tem de encontrar um *tema* atrativo, durável e extenso o bastante para justificar a publicação; em seguida, fazer uma *pauta* e elaborar um *projeto* de como tratar o assunto; depois dar a partida em um rigoroso processo de *apuração*, para arrematar tudo isso com um *texto* bem trabalhado, denso, cheio de informação e ao mesmo tempo de fácil assimilação. Antes de passarmos para as várias fases do trabalho, gostaria de analisar dois aspectos importantes da atividade profissional: *formação* e *ética*.

FORMAÇÃO

Em qualquer ofício, a prática é parte essencial do aprendizado. O mais bem preparado profissional pode dominar a teoria na ponta da língua, mas só terá o devido reconhecimento quando comprovar, na lida diária, que esse domínio não é vazio. No jornalismo não poderia ser diferente. Por melhor que seja a faculdade e mais empenhados que sejam os professores, os quatro anos de curso superior não conseguem cobrir o praticamente infinito leque de possibilidades que o profissional enfrentará ao longo de sua carreira. Uma parte do aprendizado será, necessariamente, prática.

Assim tem ocorrido com todos, em especial com aqueles que entraram para a vida de jornalista sem o polêmico diploma. Isso para não falar nos que chegaram às redações antes da lei que estabeleceu a necessidade de curso superior, em 1969. Os veículos estão cheios de profissionais capacitados que nunca frequentaram uma faculdade de comunicação. Quem não é formado em jornalismo e se aventura na profissão sem levar jeito para coisa não dura muito tempo. Mas o aprendizado na labuta vale também, e muito, para aquela parcela, ainda majoritária, de jovens oriundos das faculdades de jornalismo.

Estudiosos e profissionais experientes e reconhecidos no mercado mantêm, há décadas, um aceso debate sobre a validade ou não do diploma. Como sempre, há radicais e moderados defendendo as respectivas posições de ambos os lados. Há também um número razoável de pessoas que pregam uma formação híbrida, pela qual o jornalista curse determinada faculdade de seu interesse e conclua sua formação profissional com um curso de técnicas de jornalismo – de no máximo dois anos – ou de pós-graduação, como comumente ocorre nos Estados Unidos, onde o diploma é dispensável.

O que importa é que o jornalista tenha uma formação. Se possível, a melhor. "Cultura adquirida em algum curso universitário não faz mal a ninguém, pelo contrário, bem como a adquirida por conta própria", escreveu o jornalista Mino Carta, na *Carta Capital*, edição de 5 de novembro de 2001, a propósito da exigência do diploma. Diretor de redação da revista e adversário da exigência por entender que "jornalismo não é ciência", Mino não entrou no assunto à toa. Uma juíza de São Paulo acabara de derrubar a obrigatoriedade do diploma para o registro profissional de jornalistas no Ministério do Trabalho, por considerá-la inconstitucional.

A decisão acabou revogada tempos depois, mas a decisão da juíza, liminar, ou seja, provisória, foi o suficiente para provocar ampla e acalorada discussão nos meios profissionais. O debate se deu, mas não mexeu com a questão central: tenha ou não formação específica, só o exercício cotidiano transformará o aspirante em jornalista de verdade. Nas redações onde trabalhei, conheci pelo menos dez pessoas formadas em Direito. São advogados? Não. Trabalham como jornalistas. São jornalistas formados em Direito. "A melhor escola é o próprio jornal", resumiu Mino, no mesmo artigo. Controvérsias à parte, o fato é que a prática tem sido a principal responsável pela formação dos profissionais. Isso não quer dizer que a formação acadêmica, específica para jornalismo ou não, seja inválida. Ao contrário. É ela que acrescenta bagagem ao profissional.

Quanto mais bem preparado e quanto mais sólidos seus conhecimentos sobre vários assuntos, melhor para o jornalista. A reportagem não precisa nem deve ser um mostruário de erudição, mas se o repórter tiver vasta cultura geral, souber relacionar fatos, criar associações de ideias e dominar assuntos, seguramente terá mais recursos a seu favor – e de seu público. Por isso o jornalista deve investir na própria formação. Aprender o que puder na faculdade, ter curiosidade em relação a outras áreas, fazer cursos que julgar úteis – principalmente ligados à área que cobre ou pretende cobrir –, pesquisar qualquer assunto que desperte interesse, independentemente de ter ou não de escrever sobre ele, ler muito. Aprender sempre. Aprender sobre leis, sobre medicina, sobre ciência. E investir o quanto possível em uma área de conhecimento pela qual se interesse e deseje cobrir.

Essa bagagem acaba sem dúvida se revertendo na qualidade do trabalho. Só traz benefícios para o profissional, desde que ele entenda que todo esse conhecimento não é para ser exibido, e sim facilitar e melhorar seu trabalho na hora de decodificar a informação ao público. Se ele vai escrever em jornal ou revista ou apresentar programas de televisão, uma formação sólida e variada, se bem aplicada, será muito útil. Se pretende produzir um livro, terá ainda mais oportunidades de explorar adequadamente toda a sua gama de conhecimentos e todos os recursos que ela proporciona.

Produzir um livro-reportagem não exige anos de experiência em jornalismo. Tanto que muitas escolas superiores facultam a seus alunos essa opção de trabalho de conclusão de curso. Bem orientada, essa é uma atividade que garante ao formando um preparo extraordinário quanto a alguns dos principais aspectos da prática profissional, como apuração, texto e edição. Se o repórter iniciante se familiarizar de cara com o padrão de exigência que normalmente se emprega nos livros, com certeza irá se tornar um profissional mais rigoroso e bem preparado.

Quem já domina as técnicas do ofício só tem a ganhar. No livro, a reportagem continua sendo reportagem, seguindo as mesmas fórmulas adotadas em outros veículos. As mudanças são meras adaptações ao meio. Mas com um ingrediente a mais: intensidade. Intensidade na apuração, para conectar o maior número de acontecimentos possíveis a fim de explicar com detalhes a história, e intensidade de edição, de modo a tornar o texto ao mesmo tempo informativo, denso, linear, correto, agradável e sobretudo completo.

Alguns dos melhores livros-reportagem escritos nos últimos tempos têm sido assinados por repórteres de televisão, provando que alguns preconceitos disseminados entre a categoria não têm fundamento. Os próprios jornalistas são os primeiros a difundir a ideia de que o jornalismo de televisão é sempre e necessariamente superficial e que seus profissionais costumam ter pouca familiaridade com o texto. *Abusado*, de Caco Barcellos, repórter especial da Rede Globo de Televisão, vem mostrar que as coisas não são bem assim. O livro constitui uma investigação sobre a entrada do grupo criminoso Comando Vermelho na favela Santa Marta, no Rio. Com passagens por jornais alternativos dos anos 1970 e também pela grande imprensa, Caco, já repórter de TV, escreveu também o *Rota 66*, em 1992.

Outro exemplo de que capacidade de trabalho é do profissional, não do meio ou do veículo no qual atua foi dado por Fernando Molica, também repórter especial da Globo, em *O homem que morreu três vezes*, sobre um advogado gaúcho que delatou vários integrantes da esquerda brasileira, viveu clandestino no país e no exterior e ainda simulou a própria morte. Um roteiro com cara de ficção dentro de uma reportagem muito bem conduzida.

Caco e Molica alcançaram êxito em seus trabalhos porque têm talento para a reportagem – mas não só isso. Os dois souberam conciliar técnicas da profissão com trabalho duro e com um dos ingredientes mais importantes do jornalismo sério: preocupação ética. Isso representa, entre outras coisas, apurar com rigor e manter a narrativa dentro dos limites da verdade, sem concessões a dados não confirmados ou informações "espetaculares" de veracidade duvidosa.

ÉTICA

Jornalismo crítico é uma via de duas mãos. Se é crítico em relação à cobertura dos fatos, às autoridades constituídas, aos desníveis sociais, às fontes de informação, tem de ser, necessariamente, tão crítico quanto em relação a si próprio e ao tratamento que dá aos assuntos. Isso inclui a observação permanente do compromisso com o respeito, a verdade, a isonomia no tratamento das fontes e dos personagens da notícia e direito de defesa. Em uma palavra, ética.

Uma das melhores definições gerais da importância da ética para o jornalismo está no *Manual de Redação e Estilo* do jornal *O Globo*: "As exigências éticas não prejudicam a prática do jornalismo; ao contrário, elevam a qualidade da informação". Eis uma receita segura. Um modelo de jornalismo que clama por seriedade e responsabilidade e segue com rigor os preceitos técnicos da profissão, acaba, naturalmente, tornando-se mais ético.

Exigências éticas podem ser muitas. Não aceitar presentes ou favores de fontes e eventuais interessados nas notícias que se publica, não atacar ou louvar ninguém por interesse meramente pessoal, não publicar críticas infundadas. A ninguém é dado infringir as leis em nome do bom jornalismo. Como pode um veículo ou profissional cobrar comportamentos éticos da sociedade e das lideranças políticas, administrativas e empresariais sem coerência, sem respeito às mesmas regras do restante da sociedade? Se um jornalista quer comprovar que falta fiscalização nas estradas brasileiras, é lícito ele pegar um automóvel e cometer tantas infrações quanto queira para mostrar a inoperância da Polícia Rodoviária? Além de infringir leis, ele está colocando vidas em risco. A simples observação e documentação dos descasos e da negligência sustentariam uma reportagem sem que a lei fosse descumprida uma única vez.

O jornalista Claudio Abramo (1923-1987), marceneiro amador, gostava de dizer que, para ele, a ética que usava como jornalista era a mesma do marceneiro. Ou seja, sob nenhum pretexto, é dado ao jornalista o suposto direito a uma ética especial, cheia de desvios e conveniências. A opinião de Abramo entra em choque com a de outros profissionais. Hoje, o recurso das microcâmeras ocultas, na televisão, e o uso de disfarces por parte de repórteres são recursos empregados com fartura em praticamente todo o mundo ocidental.

Jornalistas incensados como o já citado alemão Günter Wallraff usam desses expedientes o tempo todo. Wallraff fez-se passar por turco para mostrar o tratamento que a sociedade alemã dá aos imigrantes que acabam fazendo o trabalho literalmente sujo e braçal que a população germânica não quer fazer. Passou-se por outra pessoa para conseguir um emprego no jornal *Bild*, que o execrava antes do livro *Fábrica de mentiras* e passou e execrá-lo muito mais depois.

No *Bild*, Wallraff aprendeu a mentir e distorcer o noticiário para mostrar os métodos pouco honestos do jornal. Claro que havia outros meios para mostrar tanto uma quanto outra situação. Mas o envolvimento do autor com o tema da reportagem, principalmente quando se trata de livros, é uma realidade cada vez mais presente. Até mesmo porque confere ao relato uma aura de credibilidade e de "visão por dentro" dos fenômenos e situações que se narra.

Não há dúvida que, ao fazer jornalismo "participativo" e viver os personagens, Wallraff pôde contar a história com muito mais profundidade – e também de um ponto de vista muito mais subjetivo. A discussão é sobre a validade desses métodos, quando há outros recursos. Alguns profissionais defendem que, quando não há outros meios, esses e outros recursos duvidosos do ponto de vista ético podem ser válidos. O argumento: o eventual dano causado pela manipulação da reportagem é menor que o provocado pelas pessoas ou situações que a matéria procura retratar. Seria uma espécie de violação de direitos em nome de direitos maiores.

Nos Estados Unidos, uma pesquisa dos anos 1990 apontava o uso de disfarces e microcâmeras como "inconveniente" para a prática do jornalismo. Por lá, criou-se até um pequeno "código de ética" para o uso de câmeras escondidas. O aparelho só deve ser usado quando: a) a matéria for de "importância profunda" e de "interesse público vital"; b) quando não houver outros meios de se obter a informação e c) quando o dano a ser evitado é maior que o causado pela reportagem. É vetado o uso do recurso para: a) obter prêmios; b) suplantar a concorrência; c) ganhar tempo ou baratear a reportagem e d) repetir matéria já feita por veículos concorrentes.

Apesar de todo o regulamento, o uso de câmeras escondidas no mercado americano é uma realidade crescente. Essa é uma discussão que ainda não chegou à maturidade no primeiro mundo e muito menos no mercado brasileiro. Enquanto práticas como essas se disseminam, elevam-se aqui e ali vozes contrárias a elas. Recentemente nos EUA, dois repórteres abriram um restaurante e o administraram legalmente a fim de provar que fiscais da prefeitura exigiam propina dos proprietários desse tipo de estabelecimento para mantê-los em funcionamento. A matéria foi aplaudida, mas os jornalistas perderam o prêmio Pulitzer para o qual

foram indicados. A comissão julgadora alegou que havia outros meios de se obter a matéria, sem omitir o fato de que os donos do estabelecimento eram, ao mesmo tempo, profissionais da mídia.
 Esse é um tema polêmico. Muitos e muitos profissionais defenderão tais subterfúgios em nome do interesse público. Vão argumentar, por exemplo, que a Comissão Parlamentar de Inquérito (CPI) que deu início às investigações de corrupção nos Correios só foi criada graças a uma gravação clandestina.
 Outros episódios semelhantes povoam a história recente do país. Em 2004, um assessor da Casa Civil da Presidência da República foi flagrado, em vídeo, negociando propina com um "empresário" do jogo do bicho. Escutas ilegais apanharam altos funcionários do governo Fernando Henrique Cardoso em conversas indiscretas que envolviam desde atos administrativos até uma suposta infidelidade conjugal. Detalhe: nenhuma das gravações foi feita por jornalistas. Pelo menos não no exercício da profissão.
 A pergunta é: até onde vai o interesse público em casos como esses? Em eventuais ataques ao erário, o interesse justifica-se, mas a legitimidade do método ainda é capaz de render muito debate, provavelmente sem que se chegue a uma conclusão. Mas a prática tem sido adotada em outras situações em que o interesse da sociedade passa longe. O jornalista tem o direito de incentivar mexericos sobre a vida privada de personalidades e figuras públicas? Há quem defenda que sim. O argumento consiste, mais ou menos, no seguinte: se a pessoa tem uma vida pública, ela automaticamente perde a privacidade. Será?
 Se pensarmos o jornalismo como função social relevante, que atende aos interesses da sociedade no sentido de informá-la e colaborar para melhorar o nível de educação e de civilidade, determinadas notícias de caráter estritamente particular perdem todo o sentido.
 A manipulação, o disfarce, escutas e gravações clandestinas podem ser considerados deslizes éticos, mas o que mais preocupa é a informação errada, de forma deliberada ou não. Principalmente quando envolve a honra ou a privacidade de alguém. O abandono de procedimentos técnicos produziu uma profusão de matérias equivocadas e danosas para várias pessoas no caso da Escola Base.
 É compreensível que a maioria das pessoas tenha curiosidade sobre como vivem ou deixam de viver as pessoas públicas. Faz parte da natureza humana. O enorme sucesso que as revistas de celebridades

fazem aqui e pelo mundo afora confirmam essa demanda. Há artistas, políticos, economistas, socialites e congêneres que fazem da exposição um estilo de vida. É uma escolha particular. O que não é aceitável é o jornalista querer tratar todas as pessoas públicas como igualmente suscetíveis à exposição ou desejosas dela.

Todo mundo tem direito à privacidade. Só o perdem quando seus atos privados interferem no interesse público. Assuntos que afetem diretamente a vida do cidadão – como decisões nos âmbitos político, econômico, administrativo e atividades ilegais – são de interesse público, embora boa parte da sociedade possa não ter a menor vontade de se informar sobre eles. Ao contrário, a infidelidade do galã da novela tende a despertar a curiosidade de multidões, mas não tem a menor relevância social.

Transposta para o livro, essa situação revela-se mais delicada. Um perfil ou uma biografia – e até outro tipo de reportagem em que o autor se valha da descrição da personalidade de alguém – tende a entrar em aspectos mais privados. Como em tudo, é preciso bom senso. Ao contar detalhes da vida pessoal de alguém, torna-se necessário ater-se a aspectos que tenham relevância para o contexto.

Um exemplo: o biografado, na juventude, teve um curto romance sem consequências com a senhora A, hoje casada com o proeminente senhor B. Qual a importância da informação? Se ela ainda não é pública, em nada afeta a vida das demais pessoas e os protagonistas não têm ou não tiveram intenção de revelá-la, é lícito ao jornalista publicá-la em nome do ineditismo? Isso acrescenta o quê para a história? Faz parte do foco do livro? O que se pretende com esse tipo de revelação?

Em *Apenas uma garotinha,* os autores viram-se diante de várias situações como essa. Decidiram jogar fora várias histórias, mas contaram algumas que eram emblemáticas do ponto de vista da personalidade da biografada. Em uma determinada passagem, o livro relata um romance casual de Cássia Eller com um músico importante. Entre os amigos de Cássia e até para sua companheira, com quem a cantora foi casada por quatorze anos, aquele "namorico" de pouco mais de um mês era bem conhecido. Procurado para uma entrevista, o músico, irritado, afirmou que tudo não passara de "apenas uma transa".

Tendo pesquisado e entrevistado dezenas de pessoas, os jornalistas sabiam que o relacionamento havia sido mais do que sexo casual. O romance fora de curta duração, mas havia uma espécie de encantamento mútuo entre os dois. Em respeito à privacidade do músico e à sua família, seu nome não foi mencionado no livro, mas a história acabou publicada porque ela era a que melhor exemplificava o comportamento da cantora e servia para contextualizar algumas situações muito peculiares. Entre elas, os relacionamentos heterossexuais de uma pessoa assumidamente homossexual, uma gravidez inesperada – não deste, mas de outro relacionamento fortuito posterior – e a visão que a companheira de Cássia e seus amigos tinham daquele momento. A narrativa pautou-se, o tempo todo, pelo respeito. Tanto que não houve nenhuma reclamação de nenhum dos envolvidos nem da família da cantora.

Os transtornos e constrangimentos que situações como essa podem trazer, se alguns cuidados não forem tomados, são um convite à reflexão. Aliás, refletir sobre a importância e as consequências de cada informação que pretende publicar deveria ser o item primeiro do código de ética pessoal de cada jornalista. Questão de respeito.

PAUTA

A reportagem em geral nasce da pauta – e com o livro-reportagem não é diferente. A pauta no livro, pelas características do veículo, tornou-se bem distinta do modelo que se pratica hoje na maioria dos jornais. Ela precisa de mais detalhamento, de modo a permitir uma antevisão do que será o produto final. Precisa prever os caminhos que a apuração tem de seguir e antecipar, pelo menos em parte, o resultado final. Como representa o começo do planejamento, a pauta tende a influenciar decisivamente o andamento da reportagem. Existem semelhanças também: da mesma forma que nos jornais, a pauta de um livro nasce da leitura (de periódicos, outros livros), das informações colhidas na rua, de uma sugestão de amigos ou leitores, de uma observação empírica. Truman Capote decidiu ir atrás da história dos assassinatos que relatou em *A sangue frio* a partir de uma pequena nota no rodapé de uma página do *The New York Times*.

Vamos recorrer novamente à História. A pauta surgiu no Brasil por volta dos anos 1950, época em que jornais como o *Diário Carioca* e *Última Hora* a introduziram no país, com outras novidades oriundas do jornalismo americano, como o *lead*, a pirâmide invertida e o manual de redação. O significado da palavra pode ser muito amplo. Aqui, para facilitar o entendimento, vamos empregá-la em duas acepções: como um roteiro de abordagem de um assunto e como planejamento do trabalho.

A pauta já foi um plano de ação bem específico nos anos 1960, quando começou a se difundir pelos veículos brasileiros. Nessa época, o *Jornal do Brasil* chegou a publicar a sua. A prática foi abandonada em pouco tempo. Além de conter comentários destinados apenas ao público interno – os integrantes da redação –, a publicação dava à concorrência o cardápio quase completo da edição do *JB* no dia seguinte. O modo de se fazer a pauta nos jornais brasileiros mudou muito, principalmente neste início de século XXI.

Antes do enxugamento das redações, o chefe de reportagem ou pauteiro costumava ser uma figura importante. Com status de editor ou subeditor, era o profissional que "abria" o jornal do dia seguinte. O cargo normalmente era dado a um jornalista experiente e afinado com as ideias do editor. As condições de trabalho não podiam ser consideradas um prêmio. A carga horária costumava ser elevada – e ainda é –, e a pressão bastante intensa.

O profissional que ocupa a função é pressionado pelo editor e pela direção do veículo em busca de mais e melhores matérias. Pelos repórteres, que querem sair de uma cobertura e entrar em outra, que precisam de orientação para o trabalho ou que simplesmente querem discutir algum assunto relacionado ao jornal – não necessariamente a pauta. Também é assediado por fontes e assessores de imprensa interessados em pôr – ou tirar – algo do noticiário, fazer observações, contribuir com alguma matéria.

Nos grandes jornais, até os anos 1990, o chefe de reportagem chegava cedo, por volta das sete horas ou antes, dependendo da editoria, e ficava até o começo do fechamento, até dezessete ou dezoito horas. Não raro, esticava o trabalho até mais tarde.

Pauteiro nas editorias de economia da *Folha de S.Paulo* (em 1996) e de *O Estado de S. Paulo* (de 1997 a 1998), perdi a conta de quantas vezes dobrei a jornada. Nas crises financeiras dos países emergentes em 1997 (Ásia) e 1998 (Rússia), o trabalho tornava-se insano. A pauta era aberta de manhã já com o fechamento do dia nas bolsas de valores da Ásia, em geral com fortes baixas. A cobertura era planejada com base na repercussão e nos desdobramentos da crise. Quando o jornal estava em fechamento, à noite, na Ásia já era manhã do dia seguinte. Os mercados de ações encontravam-se novamente abertos, muitas vezes refletindo uma situação totalmente diferente da jornada anterior.

A rotina de pauteiro sempre foi pesada, mesmo quando não havia eventos extraordinários. O profissional começava o dia lendo o próprio jornal e a concorrência. Avaliava a cobertura e analisava as informações e dicas deixadas pelo pessoal do fechamento. Recebia os boletins da radioescuta e das agências de notícia, checava na agenda os eventos programados. (Antes da informatização completa das redações, tudo isso era feito em papel.) A partir daí, elaborava a pauta do dia, sempre tendo o cuidado de prever material suficiente para encher toda a edição com sobras, incluindo arte e fotografia.

Cabia ao chefe de reportagem propor novos assuntos, prever e elaborar formas de desdobrar temas que já vinham sendo explorados (as "suítes"), distribuir as tarefas pelos repórteres, encomendar trabalho das sucursais e dos correspondentes. A pauta de cada editoria era apresentada na reunião da manhã (realizada entre nove e onze horas, conforme a publicação), na qual podia ser ajustada e complementada pela chefia de redação. Outra tarefa do pauteiro era pensar nas reportagens especiais para os próximos dias e, principalmente, fim de semana, orientar os repórteres durante o trabalho de apuração e recolher o "retorno", um resumo das informações apuradas ao longo do dia, para repassá-lo ao editor.

Hoje, com o enxugamento da mão de obra e do espaço editorial, aliados à evolução tecnológica, que facilitou – eu escrevi "facilitou", não "melhorou" – a operação de fechamento, essa estrutura toda deixou de fazer sentido. Foi total ou parcialmente abandonada, conforme o veículo. O editor passou a orientar mais a pauta e interferir menos na edição. A maior parte dos repórteres escreve suas matérias em espaços predeterminados, muitas vezes diretamente nas páginas. Alguns veículos têm condições de permitir até que as sucursais e os correspondentes escrevam, remotamente, em reservas de espaço já diagramadas nas páginas. O trabalho do editor, dos editores-assistentes e dos raros redatores remanescentes consiste em apenas fazer uma leitura rápida para ver se o texto está dentro do padrão e se não tem nenhum absurdo comprometedor. Não é assim em todos os veículos nem com todos os editores, mas tem sido assim na maioria dos casos.

Os grandes jornais gerais ainda têm seus pauteiros, bem como o rádio e a televisão. Mas, especificamente nos diários, a vida mudou bastante. Os chefes de reportagem já não entram tão cedo na maior parte dos grandes veículos e, em geral, são obrigados a ficar para o fechamento da edição ou parte dele. O comando da pauta ficou mais diretamente nas mãos do editor. As reuniões nem sempre são matinais. A maioria dos jornais adotou um modelo bastante genérico e informal de pauta: uma simples indicação do que se deve cobrir. Os detalhes ou o enfoque são discutidos – quando são – diretamente entre editor e repórter. Só assuntos que mereçam maior atenção têm um plano de trabalho extenso. Já nas revistas, onde não há pauteiros e o comando sempre foi muito centralizado pelos editores, o planejamento de cada edição costuma ser mais detalhado e impositivo.

Em um livro-reportagem, transformar a ideia inicial em um plano de trabalho constitui o primeiro passo. É recomendável que a pauta traga uma previsão de como o tema será abordado, e de que ângulo. Também convém deixar mais ou menos estabelecido, desde o início, qual o tamanho provável da obra e como ela será subdividida. Nesse sentido, a pauta pode funcionar como uma espécie de argumento, com o resumo dos caminhos que se pretende percorrer com a reportagem e sua concepção final.

Para isso é preciso identificar o assunto e avaliar sua dimensão. Uma pesquisa inicial ajuda a definir o enfoque e o planejamento. Assim como na rotina das redações, a pauta não pode se tornar uma camisa de força. Quanto mais bem planejado, melhor, mas o projeto não precisa ser limitador, rígido, inflexível. A reportagem tem sempre de comportar o espaço para a surpresa, para a novidade da apuração; caso contrário, corre o risco de se aproximar de algo enfadonho, burocrático, sem vida.

Se o planejamento é alterável a qualquer momento, por que, então, planejar? Em primeiro lugar, para ordenar o caos. A confusão durante o processo de produção de uma grande reportagem nasce simultaneamente em muitos lugares diferentes: no excesso de informação, na eventual falta de conhecimento sobre a que fontes recorrer, na pesquisa desordenada e em outros pontos nem sempre imagináveis. Por isso, quando se trata de livro, a melhor maneira de conduzir o trabalho ordenadamente é desdobrar a pauta em um projeto.

PROJETO

Boas reportagens podem ser feitas sem planejamento. Bons livros podem ser escritos sem planejamento. Mas um plano bem-feito opera prodígios. Mesmo que influencie pouco o resultado final, poupa um bocado de trabalho no meio do caminho. O planejamento bem-feito tem a virtude de nortear o autor, como um roteiro. Ajuda até mesmo a abrigar as surpresas da apuração, que em geral são muitas. Precisa ter seriedade suficiente para dar a linha mestra do trabalho e assegurar algum grau de previsibilidade à condução do processo. Sem isso, fica difícil até apresentar a proposta do livro às editoras.

O editor quer saber o que o autor tem em mente e o que a obra é capaz de oferecer. Não estranhe se a casa editorial quiser interferir na proposta, discuti-la. As editoras em geral trabalham para um segmento do público. Têm, decerto, que publicar livros adequados a esse público. Frequentemente torna-se necessário realizar ajustes na proposta original. É mais fácil mudar o projeto, o ponto de partida, que o produto final. Jornalistas costumam ser muito ciosos de suas ideias e de seu trabalho. Podem não gostar dessa provável interferência. Mas obviamente um editor responsável não aceita uma proposta sem saber exatamente do que se trata. Além disso, esses profissionais dispõem de algo que a maioria dos autores desconhece: experiência no mercado de livros. Ela pode ser decisiva para o sucesso da empreitada.

Esse aspecto tem uma importância quase sempre ignorada pela maioria dos jornalistas sem familiaridade com funções executivas. Por mais romântica que ainda possa ser a visão da profissão e de sua importância social, não é possível conceber um projeto sem pensar em sua viabilidade comercial. Há que se imaginar um mínimo de retorno financeiro. Da ausência desse retorno, deduz-se que o produto ou foi mal concebido ou não despertou o devido interesse e, portanto, tem pouca ou nenhuma importância.

Um bom planejamento começa com uma pesquisa preliminar que assegure um conhecimento mínimo, porém sólido, do assunto. Essa pesquisa irá tornar-se, depois, mais extensa e acurada para sustentar a apuração do tema e a montagem do texto. O domínio inicial sobre a pauta ajuda a estabelecer os rumos da reportagem. Também serve de embasamento para a negociação com a editora – quando a proposta parte do autor e não é um daqueles raros casos de encomenda da própria casa editorial.

Aqui, cabem dois alertas. Primeiro: é preciso ter cuidado ao estabelecer o plano de trabalho. Muitas vezes, os dados constantes do projeto acabam entrando para o contrato de edição, o instrumento pelo qual a editora aceita o trabalho e estabelece seu relacionamento legal com o autor. Se apresentar um plano "vendedor" em demasia, aquele que promete muito mais do que entrega, o autor pode se ver em situação delicada, com consequências desagradáveis. Uma proposta "enfeitada" demais para um resultado pobre pode levar a editora a optar por um tratamento mais burocrático e menos caprichado ao livro – num reconhecimento de que a qualidade está abaixo da esperada –, a simplesmente desistir da obra ou até entrar com uma ação judicial contra o autor. Tudo depende do que estiver estabelecido em contrato e da predisposição das partes.

Segundo: o repórter deve procurar uma editora que tenha alguma afinidade com o tema e o perfil do projeto. O fato de uma editora publicar livros religiosos não significa que ela tenha interesse em, por exemplo, uma biografia de algum líder espiritual. Das cercas de quinhentas editoras de livros de todo o país associadas à Câmara Brasileira do Livro (encontráveis na página *www.cbl.org.br*), apenas uma parcela publica livros-reportagem. Dessas, nem todas aceitam determinados assuntos. Outras, não trabalham com autores iniciantes. Realizar uma pesquisa prévia facilita a busca pela casa editorial "certa". Praticamente todas têm página na internet (há links para cada uma no site da CBL) e nela divulgam seus critérios de avaliação.

Não há fórmulas rígidas para um bom planejamento. Um modelo razoavelmente aceito e praticado de plano de trabalho contém a apresentação de um breve histórico dos fatos e personagens a serem abordados, um roteiro de questões a tratar e dúvidas a responder, além de uma relação de fontes para consulta. A partir daí, é possível estabelecer um enfoque, delimitar o assunto e formular uma proposta de divisão do material em capítulos, quando necessário. Sempre que possível, o projeto deve prever o tamanho aproximado do livro, pelo menos parte do material iconográfico – de ilustração, como fotos, gráficos, reprodução de documentos – e prazo de conclusão. Lembre-se: tudo isso pode estar no contrato e precisa ser cumprido. Portanto, deixe alguma margem para imprevistos, mas não exagere; trabalhe para concluir a obra no prazo.

Usar o projeto como roteiro é útil e prático. Com ele, o autor orienta-se na busca de informações e até na montagem do texto. Mas ele não precisa ser definitivo. Dados inesperados, revelações surpreendentes, pontos de vista que não se confirmam ocorrem com maior frequência do que se imagina. E quase sempre são eles que enriquecem o resultado final. É de esperar que o autor que se depare com novidades que justifiquem um tratamento diferente do planejado subverta a ordem da pauta. Jornalismo é observação da realidade, apuração da verdade e, como tal, não deve se curvar a conceitos preestabelecidos de nenhuma espécie. Mas o autor deve sempre ter em mente que ele não pode se desviar demais de dois aspectos: o enfoque original da pauta e da previsão de gastos com a obra.

Custo

Jornalista não gosta de nem pensar no assunto, mas tocar um projeto significa gerir uma série de fatores, incluindo o financeiro. Talvez a parte mais complicada e menos agradável do plano de trabalho resida na questão custo. Uma reportagem pode sair caro. Não é por outra razão que ela deixou de frequentar as páginas dos jornais com assiduidade. Implica telefonemas, deslocamentos, gastos com pesquisa – muitas delas pagas –, fotocópias, viagens, passagens, diárias de hotel etc.

Para ter uma dimensão de quanto vai custar a empreitada, o autor pode fazer um orçamento simples, com base na pesquisa inicial para levantamento do assunto, prevendo por estimativa os gastos de cada etapa do processo: o número de viagens, a quantidade de telefonemas, despesas com cartório, documentos etc. Quem não sabe como fazer deve aprender depressa ou procurar a ajuda de quem saiba.

As áreas de apoio financeiro das redações costumam trabalhar com planilhas de custo. Dar uma olhada nelas é um bom ponto de partida. Mas, atenção, os dados dessas planilhas só servem como orientação. Primeiro, muitos dos gastos ali previstos levam em conta o cliente. Para jornal, revista ou emissora, as passagens aéreas são mais baratas. Como as empresas compram em grande quantidade e quase sempre têm uma agência de viagens prestando assistência, normalmente obtêm descontos. O mesmo vale para diárias de hotel, aluguel de carros ou equipamentos, entre outras despesas. Segundo, o custo é calculado pelo veículo todo, não por reportagem.

Uma alternativa para quem vai bancar o projeto sozinho é criar sua própria planilha na qual sejam incluídos todos os gastos previsíveis. O autor terá de estimar quantas entrevistas serão necessárias, qual o deslocamento e as despesas que cada uma delas implica, além dos custos com pesquisa, telefonemas etc. Os gastos com cada uma das etapas pode ser estimado por meio de levantamento simples. Estimativa não é chute e até por isso, em nome da prudência, é de bom-tom estipular uma margem para imprevistos de 15% ou 20% do orçamento total. Sempre é possível surgir um documento a mais, um telefonema extra, uma viagem inesperada.

De modo bastante simplificado, uma planilha dessas poderia seguir o seguinte exemplo hipotético:

Reportagem – biografia do ex-jogador "Cláudio", no interior do Espírito Santo.

Despesa	Frequência*	Custo unitário	Custo total
Passagens aéreas Rio-Vitória**			
Passagens aéreas Rio-Salvador***			
Despesas com alimentação			
Diárias de hotel			
Aluguel de veículo no ES (percurso de xx km)			
Aluguel de veículo na BA (percurso de xx km)			
Gastos com combustível			
Pedágio			
Telefonemas			
Pesquisa em arquivo de jornal			
Pesquisa em arquivo público			
Pesquisa em cartório			
Fotocópias			
Internet			
Despesas de correio			
Aquisição de obras de referência/bibliografia			
Fitas para gravação			
Pilha/energia			
Papel para impressão			
Tinta para impressão			
Outras despesas			
Reserva para imprevistos			

* Corresponde a quantas vezes o repórter terá de realizar aquela despesa, uma vez que as entrevistas com as fontes principais terão de ser refeitas algumas vezes.
** Supondo um autor do Rio de Janeiro em visita ao local em que o personagem vive ou viveu.
*** Supondo que o personagem tenha parentes e amigos no interior da Bahia.

Esse é apenas uma situação imaginária, concebida para dar uma ideia do que um trabalho como esse pode representar. Como se vê, o número de despesas é grande, mesmo estando bastante simplificado. Cada autor decerto terá vários itens a acrescentar à planilha e alguns a retirar.

Arcar com as despesas de todo o trabalho tem sido, não raro, a única alternativa. Antes de tudo, esse é um ato de coragem e abnegação. Requer fôlego financeiro, confiança no próprio desempenho, amor pela reportagem e um planejamento redondo, sem muita margem para surpresas. A apuração de *Apenas uma garotinha*, toda ela bancada pelos autores, envolveu mais de vinte viagens, a partir de São Paulo, para cidades como Rio de Janeiro, Brasília, Belo Horizonte, Fortaleza. Centenas de telefonemas, a maior parte interurbana. Aluguel de carro, táxi, diárias de hotel, gastos com refeição – inclusive com fontes – e mais de cinquenta microfitas cassete com duração máxima de quatro horas de gravação cada uma.

No atual estágio do mercado editorial brasileiro, dificilmente é possível fechar contrato com uma editora – a não ser que ela própria tenha encomendado a obra – com uma previsão de cobertura dos gastos. Algumas, raras, dispõem de verbas para pré-produção, ajuda de custo para cobrir as despesas de apuração. Mas não são todos os projetos nem todos os autores que têm acesso a esse benefício. A definição dos beneficiários envolve critérios como importância da obra e do autor, entre outros. Do ponto de vista comercial, para a editora, esse investimento quase nunca se justifica. O retorno, a não ser em casos excepcionais, é pequeno, quando não insuficiente.

Algumas casas oferecem adiantamento de direitos autorais. Pagam ao autor um valor combinado e o descontam, depois, da quantia que ele teria direito a receber pela vendagem da obra. Quem quiser usar a antecipação para custear o trabalho tem de saber que nas prestações de contas futuras, a editora irá deduzir o dinheiro já pago.

A escolha do caminho é absolutamente pessoal. Muitos autores entendem que não compensa custear os projetos, diante da baixa repercussão do mercado editorial brasileiro. Outros seguem por essa trilha sem relutar. Para alguns – poucos, é verdade –, a alternativa tem sido recorrer a patrocínio. Também nesse caso, um bom projeto e uma estimativa de custos bem-feita mostram-se fundamentais.

Embora seja uma opção pouco utilizada, vale a pena falar um pouco mais sobre patrocínio. No Brasil, o patrocínio cultural com incentivo fiscal é regulado pela Lei Rouanet. É possível consultá-la pela internet, na página do Ministério da Cultura (*www.minc.gov.br*). Sua utilização em projetos editoriais, apesar de possível, tem sido praticamente ignorada, em virtude de pelo menos três fatores: desconhecimento da modalidade, baixo valor dos projetos – pouco atrativo para efeito de dedução de impostos pelo patrocinador – e a reduzida dimensão do mercado editorial brasileiro, que torna pequena a visibilidade para a empresa, instituição ou mecenas responsável pelo patrocínio.

A possibilidade de deduzir parte do Imposto de Renda devido para financiamento de atividades culturais está prevista na Lei federal n. 8.313/91.

Ela regulamenta a figura do mecenato. A legislação prevê incentivos para "artes cênicas, livros de valor artístico, literário ou humanístico; música erudita ou instrumental, exposição de artes visuais; doações de acervo para bibliotecas ou museus; arquivos públicos e cinematecas; produção de obras cinematográficas e videofonográficas de curta e média metragens e preservação e difusão do acervo audiovisual; preservação do patrimônio cultural material e imaterial". (Produções cinematográficas em longa-metragem dispõem da Lei do Audiovisual.)

A lei funciona relativamente bem para projetos audiovisuais e artes plásticas, mas ainda tem um desempenho tímido em relação às obras literárias. Menos pelo conteúdo da legislação em si, mais pela baixa atenção que o livro recebe no Brasil. Não parece tarefa fácil aprovar um projeto de livro-reportagem por esse caminho, principalmente para autores iniciantes. Mesmo com a aprovação do projeto no ministério, são poucas as empresas que se interessam por livros que não tenham relação direta com suas atividades, devido à baixa visibilidade. Alguns estados e municípios têm regras próprias, que ampliam o caráter geral das normas federais. O objetivo óbvio, nesses casos, está em incentivar projetos culturais locais. A Secretaria da Cultura de São Paulo, por exemplo, oferece sistematicamente patrocínio para obras sobre a história dos municípios paulistas.

Supondo que seja possível receber os benefícios da lei federal, o autor precisa saber que são duas as modalidades de financiamento, as bolsas do Fundo Nacional de Cultura (FNC) e o mecenato.

O FNC fornece bolsas de estudo, reembolsáveis ou não, de até 80% do valor total, para projetos culturais. Dificilmente se aplica ao mercado editorial. Para obter o crédito, a pessoa física – no caso, o autor –, tem de estar vinculada a uma instituição de ensino ou pesquisa. O benefício só é concedido a pessoas jurídicas sem fins lucrativos ou de direito público (basicamente empresas estatais e órgãos públicos de todos os níveis). Desse modo, o financiamento via FNC fica restrito a projetos editoriais apoiados pelo poder público e pelas instituições de ensino. Tem muito pouco a ver com o perfil de um livro-reportagem independente.

O mecenato é uma modalidade mais democrática. Por meio dele, investidores (empresa ou pessoa física) podem aplicar recursos em projetos culturais na forma de doação ou patrocínio com isenção do Imposto de Renda. Os recursos aplicados até a proporção de 6% do imposto devido para pessoas físicas e de 4% para pessoas jurídicas recebem isenção total.

A prática comum é obter a aprovação do Ministério da Cultura antes de procurar o financiador. Quando já existem patrocinadores interessados, a aprovação no ministério torna-se mais fácil. A análise do projeto leva 160 dias. Depois de aprovado, o ministério fixa prazos para a captação de recursos e execução do trabalho, mas é possível prorrogá-los pelo menos uma vez. Se não encontrou financiador antes, é esse o prazo que o autor tem para conseguir um.

O acesso aos investidores culturais no Brasil tem se mostrado difícil. Tão difícil que, para algumas pessoas, virou meio de vida. Existem profissionais especializados em fazer a intermediação do interessado com os potenciais financiadores. Cobram, por isso, uma comissão sobre o valor do patrocínio. Pouquíssimos deles se dedicam ao mercado editorial. O valor do financiamento, bastante inferior ao de projetos audiovisuais, desestimula a prática.

Várias empresas de grande porte, algumas delas estatais (Petrobras, Cemig etc.), outras detentoras de concessões de serviços públicos, como telefonia e energia, mantêm programas permanentes de incentivo à cultura. Basta que o candidato se inscreva e dispute o benefício com centenas de outros projetos. As inscrições são anuais e podem ser feitas pela internet. Os desembolsos aprovados são liberados no ano seguinte, conforme um cronograma preestabelecido.

Diante desse complexo quadro, os caminhos do jornalista no quesito custo da produção são três: bancar tudo, conseguir patrocínio ou desistir. Caso opte pela primeira alternativa, o autor tem também a possibilidade de realizar, ele próprio, a edição de sua obra. Arca com todas as despesas, mas fica com a receita integral do projeto. Não costuma ser boa ideia. Primeiro porque o jornalista deixa de gozar da necessária avaliação crítica de seu trabalho. Uma editora séria não vai simplesmente jogar o texto nas páginas de um livro. Fará uma leitura criteriosa, com profissionais qualificados, irá revisar o material, procurar incongruências, questionar pontos – que para o autor podem parecer claros, mas não são para quem não participou da apuração e da elaboração – e melhorar muitos outros aspectos.

Segundo porque o autor, sem o concurso da editora, perde pelo menos dois requisitos fundamentais para o sucesso comercial do livro: divulgação e distribuição em escala comercial. Uma divulgação bem-feita, que leve a obra à mídia, tem um poder enorme de impulsionar as vendas. Mas não é nada sem boa distribuição. Se o potencial comprador vir uma crítica do livro no jornal ou revista e não encontrá-lo na livraria mais próxima, todo o esforço terá sido inútil. Dificilmente ele voltará a procurar a obra.

Como se vê, a elaboração de um projeto de livro-reportagem é complexa, trabalhosa e delicada. Envolve questões que muitas vezes os jornalistas gostariam de deixar de lado. Mas o planejamento permite avaliar rigorosamente os prós e contras do plano de trabalho e mostrar se as exigências da pauta podem ser atendidas, informação fundamental para o autor decidir-se a encarar o projeto ou não. Ao superar essa etapa, o repórter terá finalmente a oportunidade de entregar-se às duas atividades mais prazerosas do jornalismo, provavelmente as que o levaram a abraçar a profissão: apurar e escrever.

APURAÇÃO

Muita gente entra para o jornalismo por gostar de escrever. Até algum tempo atrás, era esse tipo de "orientação vocacional" que se recebia nos colégios e até em casa. Sempre tinha alguém para determinar: "você gosta de escrever, então vai ser jornalista". Escrever é apenas parte do trabalho. Tão importante – ou mais – que narrar os acontecimentos é apurá-los. Apuração é a essência do jornalismo, o trabalho de reportagem propriamente dito. Requer persistência e humildade. A primeira serve para impelir o trabalho adiante, mesmo quando há obstáculos a transpor. A segunda ajuda o jornalista a não incorrer no erro de achar que sabe tudo e, com isso, ser atropelado por fatos e preconceitos.

Um texto brilhante não sobrevive a uma apuração malfeita. No livro, em que a exigência de qualidade cresce, o trabalho tem de ser redobrado. O caráter documental e o volume de informações necessário exigem um compromisso muito grande com a exatidão e com a compreensão dos dados recolhidos. Se simplesmente vai recolhendo dados e não os organiza – na cabeça, no papel ou em um arquivo –, o autor chegará ao fim do processo com uma massa de informações confusa, gigantesca e cuja utilidade nem ele mesmo conhece. Não é preciso saber os mínimos detalhes, mas compreender o assunto de ponta a ponta.

Na medida em que entra no tema e o domina a ponto de saber o fio condutor da história de cabeça, o jornalista consegue a clareza necessária para passar o assunto aos demais. O texto flui mais facilmente. Profissionais experientes e organizados sabem que determinadas reportagens "se escrevem sozinhas" justamente por estarem bem apuradas e consolidadas na cabeça de quem as faz. O domínio do assunto pelo autor atinge um nível que lhe permite encadear todos os fatos de maneira lógica, clara e coerente durante a produção do texto. A consulta às anotações limita-se à conferência de detalhes.

Foi a apuração equivocada, apressada e incompleta que proporcionou ao jornalismo brasileiro seu mais rumoroso, desgastante e vergonhoso erro. Em 1994, a imprensa publicou a informação de que os donos e professores da Escola Base, um educandário infantil de São Paulo, abusavam sexualmente de crianças. O que era a suspeita dos pais de um dos alunos foi tratado como verdade e levado ao público sem maiores questionamentos.

O escândalo ganhou dimensão nacional. Apesar de todo o barulho, os laudos médicos não comprovaram nenhum tipo de agressão. Anos depois, a Justiça absolveu os donos do estabelecimento. Eles até receberam uma indenização. Mas a reputação de diretores e professores, jogada à lama, jamais pôde ser recuperada. A escola, ganha-pão de algumas famílias, foi fechada para sempre. O caso ganhou até um livro, *Caso escola Base: os abusos da imprensa*, do jornalista Alex Ribeiro. O autor mostra como a cobertura televisiva enveredou pelo caminho fácil de atribuir a denúncia à polícia sem nenhum tipo de checagem nem preocupação com as possíveis consequências da matéria. Os jornais entraram na onda.

A leitura do livro mostra um constrangedor rosário de absurdos. As acusações, de início contra um motorista de transporte escolar, foram imediatamente estendidas à escola, chegando em poucos dias a estarrecedoras menções de que os responsáveis pela suposta quadrilha drogavam crianças. A polícia cometeu uma série de erros grosseiros no inquérito para os quais a mídia nem sequer teve olhos. Chegou-se a "apimentar" a história com a invenção de um estrangeiro no papel de ponte com a quadrilha internacional de pedofilia. A vítima, um engenheiro americano que morava no Brasil, chegou a ser presa. A polícia tinha um mandado de busca e apreensão, foi a sua casa – que não era a especificada no mandado – em busca de provas, não encontrou nada, mas efetuou a prisão assim mesmo, na frente de jornalistas ávidos por uma notícia, mesmo que não fosse verdadeira:

O documento, expedido naquele mesmo dia, teria surgido de uma denúncia anônima: em frente daquela casa fora vista, estacionada, uma Kombi escolar. [...] Fato é que o delegado Carrasco exibia um mandado para a rua Batista Caetano, 93, Aclimação, assinado pelo juiz Galvão Bueno. A diligência começava com uma trapalhada: a casa do americano situava-se no número 29 e não no 93. Mas naquele momento ninguém deu muita bola para isso.

Depois das informações veiculadas por jornais e redes de TV, a escola foi roubada, depredada e incendiada. Quando a mídia se retratou, era tarde demais. A Escola Base acabou se configurando em exemplar objeto de estudo para especialistas em erros da cobertura jornalística. Nas conclusões da obra, Ribeiro menciona profissionais e veículos que procuraram levar a apuração mais a fundo com o registro da versão do "outro lado", mas assinala:

> Sob esse ponto de vista, a princípio, os jornalistas aparentam ter cumprido todas as suas obrigações, pois fizeram o possível para mostrar os dois lados. Mas se resume a isso o papel da imprensa? É óbvio que não. Seu dever vai além da intermediação passiva entre fontes e público; a função dos jornais, em última instância, é auxiliar leitores e telespectadores na percepção do real.
>
> Sempre existiu apenas uma verdade no episódio da Escola Base: sete acusados são inocentes. O entendimento dessa realidade ficou comprometido porque a imprensa não muniu o público com informações para tanto; limitou-se a veicular acusações e, assim que possível, publicou a versão do "outro lado". Leitores e telespectadores exerceram, eles sozinhos, a função de decidir com quem estava a verdade – e escolheram a opção errada.

Apurar é antes de tudo buscar a informação verdadeira e, de preferência, contextualizada. A mídia brasileira contextualiza muito pouco hoje. É obrigação do livro-reportagem fazê-lo. O público não quer simplesmente um amontoado de fatos. Quer entendê-los. Mesmo nas melhores histórias, um livro-reportagem que se limite apenas à dimensão factual é sempre mais pobre que aquele que vai mais fundo na busca de causas e consequências. À reportagem cabe dar a dimensão dos fatos. Informações que permitam ao leitor concluir como as coisas se conectam no mundo, como interferem na sua vida ou até como funciona a lógica particular de um personagem – expondo traços de sua personalidade – são sempre úteis. Dão à narrativa uma dimensão humana. Despertam interesse.

Para alcançar esse volume de informações, é necessário investir em pesquisa e entrevistas. Da pesquisa, o autor tem a possibilidade de valer-se de documentos que fundamentam o conteúdo da obra. Da entrevista, capta o detalhe, a percepção humana das coisas, o caráter psicológico dos personagens e a impressão que os fatos causaram a quem os vivenciou.

No Brasil, o amadurecimento da técnica de reportagem documental foi-se dando aos poucos, mas ganhou destaque nos anos 1980, quando ocorreu uma verdadeira explosão de novas editoras de livros e revistas. Poucas sobreviveram. Várias sucumbiram à crise econômica que permeou toda aquela "década perdida", como a batizaram os economistas, mas alguns casos particulares deixaram um legado importante para o livro-reportagem. O jornalista e escritor Humberto Werneck cita a proliferação de biografias propostas ou encomendadas a jornalistas nos anos 1990 como parte desse processo. A demanda, a concorrência e a fúria de parte dos historiadores obrigaram os autores que ainda não tinham essa visão a incorporar técnicas mais acadêmicas de documentação histórica. A contrapartida do lado dos historiadores foi a adoção de textos mais acessíveis, defende Werneck, em entrevista a estudantes de jornalismo de São Paulo.

Todo o trabalho de apuração resume-se à busca pela exatidão. A falibilidade do ser humano está mais que comprovada, mas não serve de argumento contra a perseguição obsessiva pela informação correta. Em livro, um erro tende a transformar-se em sinônimo de desastre. Não raro, pequenas falhas comprometem a credibilidade de toda a obra. Ao se deparar com um equívoco, uma fonte ou mesmo um leitor que tenha conhecimento parcial do tema, em geral coloca todo o trabalho sob suspeição – inclusive as informações corretas que desconhecia.

Rigor na apuração significa dirimir quaisquer dúvidas. É importante não deixar pontas soltas. Claro que nem sempre isso é possível, diante das várias limitações a que o trabalho possa ser submetido. Nesses casos, os caminhos possíveis são dois: ou se abandona a informação duvidosa, se ela tem pouca relevância para o conjunto, ou se adota o expediente sempre precário de registrar várias versões ou possibilidades existentes. Esse método deve ser evitado tanto quanto possível. Normalmente, é um procedimento enviesado e enganoso. Não informa, confunde o leitor. Usá-lo, só quando for imprescindível registrar o fato em questão, e com muito apelo ao bom senso. O autor precisa ponderar se é um recurso necessário, mas tentar, antes, todos os meios legais e éticos de apurar o dado exato.

O emprego desse recurso pelos periódicos vem sendo feito de forma mecânica e preguiçosa. Frequentemente tem sido confundido com a prática saudável e eticamente obrigatória de dar direito de defesa a qualquer acusado. A pretexto de dar ao "outro lado" o direito de manifestar-se, a mídia simplesmente alinha posições opostas sobre determinado assunto no noticiário e exime-se da tarefa de oferecer informações suplementares, necessárias ao entendimento e à interpretação da notícia. Claro que o "outro lado" precisa ser registrado com o devido destaque. Mas quase sempre uma apuração criteriosa e isenta terá dados suficientes e corretos para que o receptor da mensagem (leitor, telespectador ou ouvinte) possa estabelecer seu próprio conceito acerca da informação que acaba de receber.

Uma prática que já foi comum no jornalismo americano é o confronto das três fontes: se três pessoas – de preferência que não tenham se comunicado e que, se possível, não se conheçam – dão a um fato a mesma interpretação ou versões parecidas, eis uma visão muito próxima da realidade. Quando essas três fontes têm interesses distintos, fica mais evidente a diferença entre fato e versão. Por exemplo: durante a campanha eleitoral para a prefeitura, um jornal descobre que parte do material de propaganda – camisetas – de um candidato está sendo pago por uma empresa com interesse em alguns serviços públicos terceirizados pelo município.

O repórter recebe essa dica de uma fonte da oposição. Como empresa e candidato negam o negócio, ele procura um funcionário de segundo escalão com acesso aos gastos de campanha. Sob o compromisso de sigilo, a fonte confirma a informação. O repórter descobre a empresa que produz as camisetas e chega a um funcionário que emite as faturas da malharia. Ele também confirma a informação. Juntando todas as conversas com as diferentes fontes, a história "bate". Com cuidado e uma checagem pontual de cada aspecto, pode ser publicada. Cabe ao repórter e ao jornal decidir se, antes de publicar, convém avisar os denunciados de que se tem a informação checada. Pode ser que eles mudem de ideia e queiram se manifestar.

Essa técnica funciona bem no jornal e na revista, mas pode não ser suficiente para um livro, dependendo da história e da investigação que dela se faz. Quando a profundidade do mergulho na história torna esse artifício insuficiente, a solução é agregar mais dados, mais entrevistas e sobretudo documentação para compor um retrato suficientemente complexo e preciso.

Na fase de apuração, qualquer detalhe é relevante. O jornalista precisa colecionar informações. Só depois de tudo apurado ele terá condição de avaliar o que interessa ou não. Às vezes, um detalhe aparentemente insignificante ganha dimensão na medida em que novas revelações vão se juntando. Além disso, minúcias, quando reunidas numa massa de dados, facilitam a interpretação dos fatos. Um comportamento aparentemente sem importância mas repetitivo é capaz de dar pistas interessantes sobre a personalidade do protagonista da reportagem.

O detalhe também demonstra o grau de empenho do jornalista na apuração e ajuda a tornar a história mais saborosa e mais crível. No livro, sem a limitação de espaço dos periódicos – ou com limites muito mais elásticos –, o detalhe não só dá consistência como também ajuda a tornar a reportagem menos "dura": mais agradável, rica, humana e emocionante.

Depois de concluída a apuração, uma boa maneira de avaliar a importância do detalhe é conferir a relevância que ele tem para a contextualização da história. A informação de que o jogador x conheceu na infância o então craque y pode ser relevante, mas que ele foi amigo da atriz z pode não significar nada para a composição do relato. Ou tudo, se eles mantiveram contatos e influenciaram a vida um do outro.

Um exemplo de como detalhes fazem diferença é o livro *Corações sujos*, de Fernando Morais. Quando apurava a história de *Chatô, o rei do Brasil*, Morais entrevistou uma enfermeira para conhecer detalhes sobre uma doença que acometeu Assis Chateaubriand já no final da vida. Descendente de japoneses, a enfermeira comentou, de passagem, uma história sobre um grupo nipônico que assassinava compatriotas imigrados para o Brasil que difundissem a ideia de que o Japão havia perdido a Segunda Guerra Mundial. Foi o bastante para atiçar a curiosidade do repórter. Mais tarde Morais entregou-se àquela apuração. O detalhe serviu não para a reportagem original, mas foi o ponto de partida de outra.

Detalhes, informações relevantes ou surpreendentes, curiosidades, tudo vai surgindo conforme a apuração aprofunda-se. Mergulhar na história é quase fazer parte dela. Funciona muito bem quando o jornalista se aproxima do objeto de seu relato. Ao tratar de um fato, convém entender qual a conjuntura em que ele se deu, quem são, como agem e vivem os protagonistas. Se for um personagem, é necessário familiarizar-se com seus hábitos, seu modo de vida, seus amigos, seus relacionamentos pessoais e profissionais, sua cultura e maneira de pensar, de falar, de vestir e até sua idade e seu tipo físico. Se possível, visitar sua casa, falar com todos os seus amigos e parentes, conhecer a escola que ele frequentou. Ao colocar-se no lugar do personagem, o autor compreende melhor as motivações que o levaram a agir de determinada maneira e não de outra.

Um mergulho profundo foi dado pelo jornalista americano Norman Mailer, ao relatar a "luta do século" entre os boxeadores Muhammad Ali e George Foreman, realizada no Zaire (atual República Democrática do Congo), em 1974. Com seu estilo "participativo" de reportagem, Mailer acompanhou o dia a dia de Ali, então considerado "rebelde" nos Estados Unidos por recusar o alistamento militar para a guerra do Vietnã e por se bandear para a religião símbolo do antiamericanismo, já naquela época. Conviveu em sua casa, treinou com ele. "Colou" no personagem. O resultado foi uma matéria que também virou livro (*A luta*).

O passo final da apuração rigorosa é a *checagem* igualmente rigorosa. Em toda boa reportagem, o autor tem de conferir cada informação, cada detalhe, até que não restem dúvidas. É uma prática indissociável do trabalho sério. O jornalista é responsável pelas informações que apura. Tem de pensar nas consequências do que publica. Por isso, precisa evitar a todo custo um dado incompleto ou enviesado, uma informação distorcida ou equivocada.

Jamais se deve confiar apenas na memória. Convém checar as anotações, usar as ferramentas de internet para fazer buscas e pesquisas, consultar outras fontes vivas ou escritas e desconfiar de tudo, mesmo que tudo pareça ter muita lógica. Fazer as mesmas perguntas a pessoas diferentes, confrontar as respostas, esclarecer dúvidas. Procurar de novo as mesmas fontes, depois de apurar algo diferente, para esclarecer pendências.

A desconfiança, pelo menos no jornalismo, pode ser muito saudável. Na apuração da biografia de Cássia Eller não foram poucas as informações equivocadas ou deliberadamente falsas no caminho dos autores. Eram parentes e amigos tentando "melhorar" aqui e ali a imagem da cantora ou apenas querendo passar para o papel a ideia de que tiveram uma participação na vida de Cássia mais efetiva do que ocorrera na realidade. Uma das informações falsas mais curiosas havia sido "plantada" pela própria Cássia, por brincadeira.

Sempre que perguntada, nas entrevistas, sobre suas origens, a cantora dizia que tivera uma infância pobre – o que é verdade – e que, por isso, havia trabalhado desde cedo. Em seus relatos, ora dizia ter sido garçonete, ora falava em uma passagem como ajudante de pedreiro. Jamais foi questionada. Isso era motivo de chacota entre seus parentes e amigos.

Cássia jamais teve qualquer pendor para trabalhos domésticos ou manuais. Era incapaz de se virar sozinha. Nunca poderia se tornar garçonete. Tentou um emprego de secretária uma vez. Não sabia fazer um arquivo ou escrever à máquina. De tão despreparada para função, foi demitida em apenas três dias. Gozadora, as declarações que dava nas entrevistas eram absolutamente falsas. Mas acabaram reproduzidas em várias publicações – principalmente por ocasião de sua morte, em 2001 – e até em um livro de ensaios. A verificação ostensiva de tudo que foi apurado impediu que esse erro fosse estampado também em *Apenas uma garotinha*.

Quando o jornalista deixa a checagem de lado por considerá-la desnecessária, normalmente se dá mal. A crença de que se tem o domínio completo sobre o tema é um passo largo na direção do erro – um deslize capaz de acometer até os mais talentosos e experientes. Em 1995, Ruy Castro admitiu à *Folha de S.Paulo* certa "empolgação" com um detalhe anatômico do ex-jogador Mané Garrincha na biografia *Estrela solitária*. Confiante nas informações dadas por várias fontes, cravou que o pênis do jogador media incríveis 25 cm. Depois do livro publicado, descobriu que são raros os casos de que o membro ultrapasse os 21 cm. "Chegaram a me falar em 28, mas eu devia ter perguntado a um médico", admitiu, na época. Fica a lição: cabe a todos o cuidado extremo de checar tudo. À exaustão.

Pesquisa

Não existe reportagem sem pesquisa. Por menor que seja. Ela constitui a fase inicial da apuração. É dela que o jornalista vai tirar os fatos básicos e as ideias que vão nortear o trabalho, das entrevistas ao texto final. Pesquisar é tarefa trabalhosa. Alguns autores entregam parte desse trabalho a outros profissionais, como forma de ganhar tempo. É comum entre os jornalistas-escritores de ponta, principalmente nos Estados Unidos, ter uma equipe de pesquisadores e repórteres empenhados no levantamento de dados e até na realização de entrevistas secundárias. Caco Barcellos utilizou o expediente em *Rota 66*. E faz isso de maneira transparente, ética e elegante. Nos créditos da obra, o autor agradece e cita seus colaboradores (dois repórteres, dois operadores de bancos de dados, quatro pesquisadores e quatro digitadores).

Terceirizar a pesquisa pode ser uma alternativa para se ganhar tempo, principalmente quando o autor tem de dividir a apuração do livro com o trabalho em redação. Parte dos escritores prefere concentrar os aspectos mais importantes da pesquisa e terceirizar apenas os pontos secundários. Outros não admitem nem isso. Perguntado no programa Roda Viva, da TV Cultura (fevereiro de 2006) sobre se entregava o trabalho a uma equipe, Ruy Castro defendeu a ideia de que a pesquisa envolve tanto o repórter que ele prefere fazer sozinho. Só assim, argumentou, consegue ter controle completo sobre a apuração.

Preferências à parte, o autor terá de avaliar se vale a pena realizar toda a pesquisa sozinho ou se precisa contratar alguma assistência. Quando se pensa em livro-reportagem, o volume de trabalho se multiplica na razão da massa de informações necessária à empreitada. Dependendo do assunto, o repórter terá a sua disposição alguma bibliografia mais ou menos extensa, arquivos de jornais e revistas, acervos particulares ou públicos de documentos e material audiovisual. E, da década de 1990 para cá, uma generosa contribuição da internet.

A rede mundial é uma ferramenta utilíssima. Valiosa para qualquer jornalista moderno, representa um manancial de pesquisa à disposição de quase todos. Está aí para ser usada e bem usada. Mas sua importância precisa ser relativizada. Ao mesmo tempo em que fornece informações preciosas, ajuda o pesquisador a ganhar tempo e democratiza a informação de modo quase universal, a internet pode ser, também, uma fonte de problemas. "O papel aceita tudo", costumavam dizer os jornalistas da antiga, para explicar, resignados, porque certos textos de qualidade duvidosa ou repletos de bobagens acabavam publicados. A internet tem se mostrado a versão moderna desse adágio. Aceita tudo, com um agravante: o fato de dar acesso a um volume muito maior de informações de qualquer procedência a um número infinitamente superior de pessoas. Em outras palavras, a rede tem um potencial infinito de disseminar bobagens, mentiras e equívocos.

As regras de ouro para a pesquisa em internet são as mesmas que orientam o bom jornalismo. A primeira delas é o ceticismo: jamais confiar cegamente em informações não comprovadas. A segunda é o conhecimento da fonte. Sites obscuros, desconhecidos e que não levem a chancela de um organismo – ou empresa – reconhecido não são necessariamente desonestos ou negligentes com as informações que publicam, mas nunca devem ser considerados fontes seguras. Até comprovar sua confiabilidade, só podem funcionar como ponto de partida de uma investigação mais detalhada. Isso leva à regra seguinte:

checar tudo o que for apurado, até que não mais restem dúvidas. A paciência, nesse caso, mais que uma virtude, é uma necessidade, porque o volume de trabalho costuma ser bem grande.

A pesquisa também sofre limitações no quesito exatidão quando feita nos arquivos de jornais e revistas. Não é porque saiu publicado em um periódico de renome que aquela notícia representa a verdade. Erros são impressos todos os dias nos jornais e revistas – e também nos livros – de todo o mundo, infelizmente. Se o banco de dados não indexar também eventuais retificações, o pesquisador corre o risco de investir na apuração de uma informação falsa ou incompleta. E, o que é muito pior, reproduzi-la. Confrontar textos de diferentes publicações nem sempre vai dirimir as dúvidas, mas é um bom caminho para evitar a maioria dos erros. Se o jornal A diz algo diferente do que publica o jornal B, com certeza algo está errado. Cotejar os dados com documentos, bibliografia e consultas a especialistas no tema quase sempre sana esse tipo de dificuldade.

Se pesquisar dá trabalho, pesquisar documentos pode dar muito trabalho. É preciso localizá-los, ter acesso a eles, muitas vezes fotocopiar montanhas de papel ou tomar longas anotações. Truman Capote contou ter lido oito mil páginas de documentos durante as investigações de *A sangue frio*, além de ter entrevistado dezenas de pessoas, a maior parte delas várias vezes. A edição brasileira atual tem 432 páginas, incluindo os adendos da editora. Ou seja, para cada página que escreveu, o autor teve de ler vinte.

Em entrevista ao site *Revista Literária*, Ruy Castro relata seu método de apuração: após ler tudo disponível sobre o tema, procura uma a uma as pessoas envolvidas com o objeto de seu livro, o que resulta em centenas de entrevistas, que muitas vezes se desdobram em outras, na coleta de mais documentos e em mais um pouco de pesquisa.

A trabalheira toda compensa. Quanto mais documental o caráter da investigação, maior a credibilidade da reportagem, maior a repercussão e o reconhecimento do público em relação ao trabalho. Ajuda se o jornalista tiver noções de citação bibliográfica e documental e relatar todas as fontes consultadas, embora seja melhor para a fluência do texto do livro-reportagem evitar o padrão acadêmico de notas bibliográficas, que trunca demais o texto e tira dele a espontaneidade que toda reportagem deve ter.

Até pelo distanciamento que em geral as redações têm dos métodos acadêmicos, a pesquisa documental constitui um dos pontos fracos do jornalismo brasileiro. Usa-se pouco. Parte dos profissionais do país acredita que jornalismo e História não combinam porque um retrata "o passado" e outro "o presente". Puro preconceito. Há pelo menos dois exemplos bastante concretos de que essa é uma visão equivocada. Um em jornal, outro em livro.

Em 2000, o *Correio Braziliense* publicou uma série de reportagens sobre o descobrimento do Brasil, quinhentos anos antes. A repórter responsável pela matéria, Ana Beatriz Magno, apurou as informações – a partir de muita pesquisa, claro – e escreveu os textos como uma espécie de diário de bordo da esquadra de Pedro Álvares Cabral. Segundo Ricardo Noblat, diretor de redação do *Correio* na época, nenhuma outra reportagem teve tanta repercussão na história do jornal.

Entre 1998 e 1999, Eduardo Bueno escreveu três livros (*A viagem do descobrimento, Náufragos, traficantes e degredados* e *Capitães do Brasil*) contando a história do descobrimento e os primeiros anos da colonização do Brasil sob uma inédita perspectiva jornalística da História. São livros-reportagem com muita pesquisa documental e um viés histórico até então desconhecido do mercado brasileiro. As obras frequentaram todas as listas de livros mais vendidos do país por um longo período.

Exemplos como o do *Correio*, de Bueno e a experiência de Elio Gaspari com seus retratos da ditadura militar mostram que existe, sim, interesse do público e muitas possibilidades de parceria entre jornalismo e História. Trabalhos que levem esse tipo de preocupação têm relevância, credibilidade e perenidade.

O drama das estatísticas

Livros-reportagem costumam ser mais pródigos em relação à documentação do que outras produções jornalísticas, mas há ainda imenso manancial a explorar. Dois fatores tristemente comuns no Brasil ajudam a limitar a prática, mas não servem de pretexto para abandoná-la: a dificuldade de acesso a informações e bancos de dados – inclusive públicos – e a precariedade das estatísticas.

A tradição democrática recente do Brasil e a mentalidade colonial ainda marcante, que trata como pessoal boa parte do patrimônio público, explicam em termos o restrito acesso que se tem no Brasil às fontes documentais (acervos, bancos de dados, registros públicos). Se o jornalista quer provar, por exemplo, a existência de uma empresa de fachada, uma simples consulta na junta comercial de algumas cidades – embora, por lei, seus dados sejam abertos – pode se transformar em missão impossível. O que dizer, então, da pesquisa em arquivos de órgãos oficiais sobre, digamos, atividades políticas ou policiais? No Brasil grassa certa dificuldade em obter-se informações nos arquivos públicos. Este é um país em que se despreza tanto a memória quanto a opinião pública e seu direito à informação. Documentos são tratados com descaso ou escondidos. Quando o dado a pesquisar se encontra em fonte privada, o repórter esbarra no interesse (e, às vezes, no direito) dessa fonte em resguardar-se.

Dificuldades existem, mas nem todos os acervos públicos são fechados. O IBGE e a Fundação Seade de São Paulo, por exemplo, possuem uma gigantesca massa de informações sobre demografia, economia e urbanismo de altíssima qualidade disponível ao público, inclusive por meio eletrônico. Além disso, esses dois órgãos, como alguns poucos outros, dispõem de estatísticas acuradas e séries históricas como raramente se vê no Brasil.

A confiabilidade das estatísticas é outro problema sério no país. Até a mais banal das pautas, que poderia nascer a partir do desdobramento de uma notícia ou nota de jornal, pode ficar comprometida diante do caos que reina nesse campo. Uma prática comum no Brasil ajuda a ampliar o cenário nebuloso em torno de números e informações estatísticas: a mídia tem o hábito de reproduzir dados oficiais sem muita checagem. Às vezes a informação incorreta multiplica-se em novas publicações – e até em documentos acadêmicos, que vez por outra usam os periódicos como fonte.

Um exemplo: os números da criminalidade são totalmente distorcidos. Isso ficou claro para milhões de brasileiros que assistiram, pela TV, à propaganda política obrigatória relativa ao referendo sobre a proibição de venda de armas e munições, realizado em outubro de 2005. Durante cerca de um mês, duas frentes parlamentares, uma contra e outra a favor da proibição, revezaram-se no vídeo defendendo suas ideias. Os números apresentados como parte do argumento quase nunca coincidiam. Muitas vezes, a mesma frente expunha dados discrepantes sobre a violência e até sobre a quantidade de armas em circulação no país.

Mesmo os números sobre homicídios, praticamente todos registrados em boletins de ocorrência, carecem de exatidão. Quando uma pessoa é agredida ou alvejada por arma de fogo e só morre depois de alguns dias, a estatística final nem sempre leva em conta a causa original da morte.

Após alguns dias no hospital, o óbito é registrado como em decorrência de "falência múltipla de órgãos", "infecção generalizada", "insuficiência respiratória" ou outra causa. O que a levou àquele estado foi o ferimento à bala, mas a imprecisão do registro já distorceu o dado.

Latrocínio, assalto, furto, sequestro-relâmpago e estupro são outras categorias de crimes computados indevidamente ou nem sequer registrados. Estima-se que só 15% a 20% dos casos de estupro sejam comunicados à polícia. A Delegacia da Mulher de Curitiba divulgou, em março de 2005 com base nos dados de 2003, que só uma entre seis vítimas de violência sexual na cidade registra queixa. Para chegar a essa conclusão, a delegacia comparou o número de boletins de ocorrência registrados na cidade (96) com o de atendimentos médicos a mulheres com sinais de violência sexual do mesmo período (mais de 600). É um confronto de dados que muitas vezes o próprio jornalista poderia fazer. Dificilmente faz.

Há dúvidas até em dados que poderiam facilmente constar dos censos oficiais. No começo do governo Lula, em 2003, houve intenso debate sobre os milhões brasileiros abaixo da linha de pobreza. Os números iniciais divulgados pelo governo diziam que cerca de 45 milhões de pessoas, quase um terço do país, passava fome. Não se chegou a um número concreto, mas a estimativa acabou caindo muito. Levantamento do Instituto de Pesquisa Econômica Aplicada (Ipea) concluiu que havia 22 milhões de brasileiros abaixo da linha da pobreza – vivendo com menos de um dólar por dia.

As informações continuam mascaradas. Até o fim de 2005, os levantamentos do programa oficial do governo para distribuição de renda e assistência à população carente levavam em conta o número de famílias, não de pessoas assistidas. Só em dezembro daquele ano o governo resolveu mudar o dado. Mas divulgou dois números diferentes no mesmo dia: 30 milhões e 35 milhões de assistidos.

O jornalista precisa ter em mente que as estatísticas, mesmo sérias, não são isentas. São um modo de interpretação da realidade e refletem os objetivos de quem as produz. Os registros criminais, por exemplo, são feitos para instruir um procedimento penal. Ao analisar, por exemplo, as estatísticas por morte violenta, o pesquisador precisa buscar dados também em outros fenômenos associados ao tema, como lesões, latrocínio etc.

O sempre espirituoso economista e deputado Roberto Campos (1917-2001) dizia que "estatísticas são como biquíni: mostram muito, mas escondem o essencial". O alerta de Campos cabe como uma luva ao jornalismo. Em geral torna-se necessário olhar por trás dos números frios para descobrir-se o algo mais. Esse olhar amplificado, combinando garimpagem e interpretação dos fatos, representa o diferencial das boas reportagens.

Para amplificar sua visão dos fatos além da mera conjuntura ou dos números entregues de bandeja pelas fontes, o jornalista precisa capacitar-se. Tem, obrigatoriamente, de ter alguma familiaridade com a leitura e interpretação de dados numéricos. A fim de atender ao público, precisa entender do assunto, aprender a traduzir os números e fazer comparações lógicas e inteligentes. Por exemplo, até há bem pouco tempo, os jornais brasileiros, para citar determinado gasto do governo que consideravam desnecessário ou superdimensionado, diziam que com o valor era possível comprar um número x (em geral absurdo) de cestas básicas ou carros populares. Alguém, por acaso, compra enorme quantidade de carros ou de cestas básicas?

Até hoje, a maioria não percebeu que a melhor comparação é mostrar que o dinheiro equivale a um investimento qualquer que a sociedade considere importante, como a construção de hospitais, escolas ou despesas com programas sociais. Isso vale para todos, não só para os repórteres de economia. Até porque cifras fazem parte de praticamente todas as atividades humanas: culturais, esportivas, políticas e administrativas. Mas nem sempre o jornalista está apto a fazer isso sozinho.

Nos casos complicados ou especializados demais, a velha e boa agenda de fontes costuma ser útil. Ouvir um ou de preferência vários especialistas confiáveis no assunto traz bons resultados à interpretação de dados. Em sua visita ao Brasil em 2003, Brant Houston, diretor-executivo da Investigative Reporters and Editors (IRE, associação independente de jornalistas investigativos) dos Estados Unidos proferiu uma série de palavras em que recomendava a profissionais brasileiros não só o olhar mais acurado para os números, como também o conhecimento da metodologia empregada em estatísticas e pesquisas. Entender o princípio de como foram levantadas as informações ajuda a interpretá-las, facilita eventuais questionamentos e reduz de modo sensível o risco de o autor, na ânsia de explicar melhor, formular ideias inexatas ou comparações equivocadas.

"Você não pode desafiar números que não conhece", argumenta Houston. A IRE recomenda aos jornalistas que procurem sempre saber como foram feitos cálculos e levantamentos de informações antes de publicar uma reportagem. Além disso, nenhum repórter pode prescindir da intimidade com o computador e de apoiar-se em ferramentas da informática para levantar e cotejar informações.

Mais ou menos o mesmo dizia um veterano militante do jornalismo econômico, Aloysio Biondi (1936-2000). Adversário feroz do "economês" – o emprego intenso e sem critério do jargão econômico no texto do jornal –, Biondi costumava cobrar de seus comandados e de seus alunos no curso de Jornalismo o mesmo grau de apuro, clareza e precisão de seus textos. Dizia que ninguém precisa ser economista ou técnico para escrever uma reportagem de economia, mas todo repórter é obrigado a entender do que fala, estudar muito e traduzir com transparência a informação para o público. No caso do jornalismo econômico, então, era fundamental cruzar informações e entender o que as estatísticas pareciam querer esconder.

Ao treinar suas habilidades para identificar problemas na pesquisa, nos dados e nas estatísticas, o repórter acaba desenvolvendo, também, uma perspicácia que pode lhe ser muito útil no dia a dia da profissão. Vai ensiná-lo, por exemplo, a pensar rápido e desconfiar do que ouve e vê e a procurar respostas para questões nebulosas já durante a principal técnica de apuração de informação jornalística: a entrevista.

Entrevista

Desde que os jornais decidiram publicar notícias e reportagens, a partir do século XIX, o contato entre o repórter e a fonte ganhou constância e importância. Antes disso, os periódicos serviam para divulgar ideias. Boa parte das publicações era feita por uma elite de jornalistas não profissionais – em geral com fins políticos – e destinada à casta letrada e intelectualizada, parcela ínfima da população, mesmo nos países mais ricos. A tomada dos jornais pelo noticiário mudou esse quadro.

Na metade do século XIX, os jornais americanos acentuaram o destaque dado à informação apurada pela observação dos repórteres e pelo questionamento de fontes ou testemunhas dos acontecimentos. No Brasil, já no início do século XX, o jornalista João do Rio inaugurou a prática de entrevistar pessoas para obter informações e opiniões que usaria em seus textos de jornal.

O emprego da entrevista na apuração de notícias foi ganhando consistência conforme a imprensa evoluía e a sociedade passava a exigir um padrão de informação mais apurado e isento. A prática intensificou-se em meados do século, com a importação definitiva do modelo americano de jornalismo. A entrevista tornou-se o principal recurso na obtenção de informações. A rigor, entrevista significa um diálogo olho no olho, feito entre as vistas dos interlocutores. Com desenvolvimento da comunicação a distância, o vocábulo perdeu parte de sua acepção original. Hoje, "entrevistas" são feitas sem esse contato face a face, pelo telefone, por rádio e até por e-mail e fax. O conceito de entrevista empregado aqui, portanto, leva em conta essas mudanças.

Jornais, revistas, rádio e até televisão muitas vezes valem-se do contato telefônico como forma de ganhar tempo e agilidade na obtenção de informações ou de simples declarações das fontes. O que o jornalista tem de ponderar, principalmente quando envolvido em um projeto pessoal, é se o telefone – ou e-mail – vai satisfazer as necessidades de apuração.

Quando uma entrevista tem muita importância para o relato, sempre ficará melhor se for realizada pessoalmente. Isso dá ao autor a possibilidade de observar o gestual, o comportamento, o modo de viver daquela fonte. O contato direto também aproxima as fontes um pouco mais da sinceridade. Para a maioria das pessoas, mentir diante de alguém é mais difícil que fazê-lo a distância. Ainda mais diante dos olhos perscrutadores de um profissional treinado. É importante levar em conta que a fonte tem direito a escolher a maneira que quer – e se quer – dar entrevista. Se ela prefere falar ao vivo ou por telefone, deve ser respeitada.

Em determinadas reportagens de caráter mais documental, a entrevista pode não ser a origem principal das informações, mas continua relevante. Um personagem da história, uma testemunha dos fatos ou um especialista no assunto podem dar uma interpretação mais vívida que o registro documental puro e simples. Quando se trata de perfis, biografias e narrativas de histórias de vida, os relatos de quem conviveu com o protagonista são imprescindíveis para enriquecer o texto e dar a ele um aspecto mais humano. As pessoas têm percepções e perspectivas, fazem seus próprios juízos uma das outras e, por isso, conseguem revelar impressões que não se encontram nos documentos.

Independentemente do tema, entrevista requer preparo. O jornalista que dialogar com a fonte sem um mínimo de conhecimento sobre o assunto em pauta, por mais criativo e inteligente que seja, não terá muitas perguntas a fazer ou no mínimo deixará de explorar aspectos interessantes e de aprofundar-se. Possivelmente, passará vergonha. Em alguns casos, o repórter deixa de lado a mais elementar das obrigações: saber quem é o entrevistado. É incrível o número de jornalistas que pedem identificação a fontes cujo histórico pessoal e profissional já está disponível há tempos nos arquivos e na internet – e até nos *press-releases* que recebem antes da entrevista e não se dão ao trabalho de ler. Não ter ouvido falar daquela fonte antes é uma coisa. Sair para entrevistá-la sem ao menos saber de quem se trata é outra, muito pior.

Hoje bastante modificada em relação ao que era no passado, a edição brasileira da revista *Playboy* já foi um dos melhores celeiros de reportagem do país até os anos 1980 e uma verdadeira escola de entrevistadores. Suas entrevistas eram o sonho de consumo de qualquer jornalista. Elaboradas, saborosas, divertidas, impactantes. Era comum as pessoas dizerem que compravam a revista "apenas para ler a entrevista". A frase virou piada, depois que os ensaios fotográficos de nus femininos – desde sempre o carro-chefe – tornaram-se o único grande atrativo da publicação. A revista ouvia de ministros a jogadores de futebol, de estrelas do cinema e da TV a presidentes. Praticamente todas as figuras importantes do cenário nacional – e algumas do internacional – passaram por suas páginas. O conteúdo costumava ser revelador.

Profissionais que atuaram na velha *Playboy* não se cansam de elogiar a qualidade e o apuro daquelas entrevistas. Um deles, Ricardo A. Setti, ex-diretor de redação da revista, ganhador do Prêmio Esso de Reportagem de 1986 (com a matéria "O dia em que Sarney derrubou a inflação", publicada pela *Playboy*), costuma, em cursos, palestras e artigos, repassar aos mais jovens sua experiência como entrevistador. O primeiro aspecto que ele ressalta é a importância da pesquisa prévia, uma prática que vale para qualquer reportagem, mas que ganha importância fundamental nas grandes entrevistas.

A pesquisa não vai-se encerrar em si mesma. Decerto, o entrevistado irá revelar muitos dados e pontos de vista que o jornalista desconhecia. Irá revelar, sobretudo, suas impressões pessoais. É bom que assim seja. Do contrário, ele não precisaria da entrevista. Mas o repórter não pode estar desarmado de informações a ponto de ficar paralisado e perder o controle sobre a conversa por não saber o que perguntar ou não ter condições de avaliar criticamente o que está ouvindo.

Em matéria publicada pela revista *Imprensa* de novembro de 2005, o jornalista Bob Woodward, famoso pela investigação do caso Watergate ao lado de Carl Bernstein, dá uma ideia dos métodos que emprega. "Quando me preparo para uma entrevista, procuro saber exatamente o que quero, do que estou atrás, e tento deixar isso claro ao entrevistado. Quando pergunto sobre fatos, estou interessado em saber como a pessoa e os outros se sentiram naquele momento. Como e por quê."
Hoje dividindo-se entre o jornal e os livros, Woodward também conta que nas entrevistas mais longas prepara um roteiro detalhado do caminho a seguir. "Quando fui entrevistar o presidente George W. Bush para um de meus livros, preparei um memorando de 21 páginas para ele e Condoleeza Rice [secretária de Estado dos EUA no governo de Bush]. Queria saber se estava certo e ter a chance de ele me confirmar ou não minha apuração." O fato transformou Woodward em motivo de piada entre os colegas da cobertura política em Washington. "'Ele [Bush] nunca leu nada na vida inteira', me diziam." Mas o método deu certo. Segundo o jornalista, o presidente leu e comentou o documento, fazendo ressalvas e apontando o que em sua opinião estava correto.

Elaborar um roteiro de entrevista e até pôr no papel as principais perguntas ajuda bastante e é prática recomendada por profissionais renomados também no Brasil, como Setti e Ruy Castro – que por sinal foi editor-contribuinte da *Playboy*, para a qual produziu dezenas de entrevistas. Quanto mais específico o questionário, melhor. Uma parcela expressiva de jornalistas guarda algum preconceito contra essa prática, porque acredita que ela revela fragilidade – inclusive intelectual – do repórter. Bobagem. É muito mais vergonhoso não saber o que perguntar durante uma entrevista por falta de preparo que consultar anotações diante do entrevistado. Para algumas fontes, aliás, principalmente especialistas em assuntos complexos, esse procedimento representa um sinal de que o repórter se preparou para o diálogo e está disposto a realizar um trabalho rigoroso e preciso.

Ao fazer um roteiro, mesmo que não o consulte durante a entrevista, o jornalista também tem uma ideia mais clara de até que ponto domina o assunto. Pode, então, aprofundar-se mais, explorar melhor o conhecimento da fonte, checar pontos de vista e ideias que foram se formando durante a apuração, confrontar opiniões.

Ruy Castro conta que na época da *Playboy* adotou uma prática que tem se revelado muito útil até hoje, nas entrevistas que faz para seus livros. Depois de pesquisar a fundo a vida do futuro entrevistado, o jornalista enumerava dezenas, às vezes centenas de perguntas. Começava com várias perguntas "bobas", fáceis, óbvias, que a fonte com certeza gostaria de responder. Aos poucos ia apimentando as questões e entrando em assuntos polêmicos, delicados, cruciais. O roteiro, argumenta, dá ao repórter a possibilidade de preparar alternativas para as respostas. A partir de um determinado ponto da entrevista, o jornalista já sabia que se a resposta fosse A, a pergunta seguinte seria X. Se fosse B, passava-se diretamente para a questão Y e assim por diante.

Grandes entrevistadores usam uma série de técnicas para obter os melhores resultados. Sem apelar para comportamentos antiéticos, o jornalista sempre pode usar alguns expedientes práticos e atributos pessoais valiosos na hora de obter informações do entrevistado. Charme, elegância, firmeza, demonstrações de segurança (ou de insegurança, se for o caso) podem ajudar a abrir a fonte. Fazer silêncio, criando um clima de tensão, ou mudar rapidamente de assunto para voltar a um tema delicado depois, quando a situação exige, são técnicas que, infelizmente, não se podem ensinar. Só a prática constante e a sensibilidade do repórter bem treinado vão fazer com que ele perceba o momento de usar esses ou outros dos muitos truques possíveis.

Preparo e domínio da técnica pura e simples, então, não bastam para formar um grande entrevistador. Entrevistar não consiste simplesmente em fazer perguntas e registrar respostas. Requer delicadeza e habilidade, conhecimento do tema em questão, técnica para obter informações sem truncar a conversa ou provocar constrangimentos. E uma dose de intuição.

Perguntas não devem ser restritivas demais, que só admitam "sim" ou "não" como resposta, nem tão amplas que se percam na verborragia e confundam o entrevistado. Saber a hora de mudar de assunto ou de introduzir uma pergunta mais contundente faz toda a diferença no resultado final. Alguns subterfúgios tornam a entrevista mais solta:

- Nunca demonstre timidez excessiva.
- Nem ansiedade.
- Agressividade, muito menos.
- Prepare-se. Saiba de antemão tudo que tem de perguntar. Se puder, faça perguntas que surpreendam a fonte (mas lembre-se do respeito).

- Se o assunto emperrar, faça perguntas genéricas (mas relacionadas ao tema) até encontrar novo veio.
- Não é preciso escrever uma reportagem com *lead*, mas tenha em mente que suas perguntas devem necessariamente trazer respostas às questões do *lead* (quem, quando, onde, como e por quê).
- Não manifeste empolgação diante de informações surpreendentes ou que a fonte tenha deixado escapar. Ela pode querer reavaliar o que disse.
- Observe não só as respostas, mas também o comportamento dos entrevistados.
- Fale com clareza de ideias e boa dicção.
- Faça uma pergunta de cada vez.
- Demonstre confiança, mas sem soberba.
- Evite excessos de formalismo com o entrevistado.
- Fuja também da intimidade excessiva.
- Se puder, entreviste antes outras pessoas acerca do mesmo assunto que vai tratar com a fonte principal e até sobre a própria fonte.

    A boa entrevista é aquela que se transforma em um diálogo fluente, em que as perguntas pré-programadas vão levando a outras, que surgem na hora, na medida em que novas informações são reveladas e, ao final, não reste nenhum ponto sem esclarecimento. Seria fabuloso se todos os contatos seguissem essa fórmula sem surpresas. Boa parte não segue. É quando a habilidade, a paciência e o respeito são colocados à prova. Existem questões delicadas e muitas vezes pertinentes. Não mencioná-las em uma entrevista a pretexto de não causar constrangimento representa uma heresia jornalística. A maneira de fazê-lo é o xis da questão. O jornalista deve avaliar cada caso com bom senso e distanciamento crítico. Se precisar, pode consultar outro profissional de confiança. Mas em geral sua própria consciência lhe dirá o que é certo ou errado.
    Durante algum tempo se imaginou que para ser um bom entrevistador era preciso ser agressivo, "colocar o entrevistado contra a parede". Não era uma pratica generalizada, mas podia ser vista aqui ou ali. Principalmente logo depois da abertura política, nos anos 1980, era possível ver repórteres massacrando entrevistados com perguntas agressivas, duras e até grosseiras. Felizmente, esse tipo de comportamento

ficou no passado para a maioria. O jornalista, para ser firme, prescinde disso. Não precisa ser grosseiro. Não é necessário polemizar com o entrevistado nem bajulá-lo. É possível ser incisivo e até crítico sem agressividade e polido sem adulação. Para uma reportagem em livro, comportamentos dessa natureza fazem ainda menos sentido. Não raro, o autor terá de voltar àquela fonte para esclarecer pontos que ficaram pendentes ou para checar informações que surgiram depois. Com que cara vai procurar o entrevistado a quem tratou como um réu? Será que ele vai atendê-lo? E, se o fizer, com que disposição irá revelar informações relevantes e verdadeiras?

Mesmo que dê informações que contrariem o que o repórter vem apurando, uma vez procurada, a fonte tem o direito de falar. Ao jornalista cabe ouvir e, se for o caso, contrapor informações que levem o entrevistado a refletir e retificar ou não suas declarações. Também não é preciso ter uma relação próxima, de amizade com a fonte. Basta tratá-la com respeito e demonstrar profissionalismo. Inclusive na hora de elaborar o texto. Em geral, isso basta para conquistar confiança e respeito.

Respeito e humildade são dois atributos sem contraindicações. Nenhuma profissão depende tanto da boa vontade alheia quanto o jornalismo. É praticamente impossível praticá-la sem auxílio. Sem que pessoas disponham a dedicar parte de seu tempo para atender a um jornalista, conceder entrevistas, apontar caminhos, abrir arquivos e apresentar dados não existe reportagem.

Seria ingenuidade pensar que esse gesto de boa vontade é corriqueiramente desinteressado. Claro que muitas vezes a fonte ganha algo em troca da entrevista. Ou pensa que ganha. A maioria vê na notoriedade um pagamento justo pelas informações que presta. É uma troca, que se apoia no sentimento atávico de necessidade de inclusão e reconhecimento social do homem. Outros realmente estão a defender interesses. Em tese, ao conversar com o repórter, veem algo mais concreto a ganhar. Cabe ao jornalista impedir que esse seja um jogo sujo ou de conveniências.

Para alguns, expor-se publicamente representa jogar contra si mesmo. Ainda assim, de vez em quando ocorrem alguns casos raros de pessoas que concedem entrevistas em situações em que seu próprio interesse pede silêncio. O fazem por várias razões: por entender a importância do diálogo, por ver nele a oportunidade de fazer sua defesa, expor seus pontos de vista, ou simplesmente por medo das "sanções" que o jornalismo e a sociedade podem lhe impingir, como isolamento social ou caracterização de uma imagem negativa. A todas essas fontes, desinteressadas ou não, o repórter deve o mesmo tratamento: respeitoso, sério, profissional.

Até por respeito aos entrevistados e à importância deles para o exercício de sua profissão, o jornalista consciente precisa seguir algumas normas básicas de comportamento: sempre que possível, pedir entrevista com antecedência, identificar-se de forma correta, expor com clareza o tema de sua reportagem e nunca usar de subterfúgios ou informações falsas para se aproximar da fonte e obter dela informações diferentes das declaradas inicialmente. Se trabalha em um veículo e solicita uma entrevista visando à produção de um livro, o jornalista deve expor essa situação claramente.

Quando alertado logo no contato inicial, a fonte já sabe que aquele tema complicado será abordado. Ao ouvir a pergunta, não se choca e pode tratar a questão com um pouco mais de naturalidade. O bom senso manda o entrevistador começar o diálogo por temas mais leves e ir entrando gradualmente nos mais delicados na medida em que a conversa flui. Nessa hora, um bom roteiro e a dose certa de sensibilidade são de grande valia.

Para ser honesto, o repórter não precisa reproduzir textualmente o que foi dito por seus entrevistados, mas tem a obrigação de ser fiel ao sentido do que foi falado e a seu contexto. Só é possível reproduzir com precisão a informação registrada com exatidão. Em princípio, deve-se registrar tudo. De que forma, é questão de gosto ou de necessidade. Gravar declarações sempre foi o procedimento mais seguro. Ainda mais em temas delicados ou polêmicos, quando o entrevistado pode, mais tarde, reavaliando a conversa, recuar, negar o que disse. Funciona como uma garantia de que o repórter não distorceu o que ouviu. Nesses casos, vale a pena gravar até telefonemas. O mercado tem uma porção de engenhocas que tornam esse procedimento relativamente fácil e barato.

Há autores experientes que consideram a gravação das conversas um empecilho à boa reportagem. Acreditam que ela tolhe a espontaneidade da fonte. Argumentam que a presença de um microfone ou gravador pode inibir o entrevistado. Principalmente quem não está acostumado a conceder entrevistas. É discutível. O que vale em determinados casos não vale em outros. Claro que há aqueles que não vão conseguir se expressar diante de um microfone. Já outros ficam tão encantados – quando iniciantes – ou envaidecidos que desatam a falar com desenvoltura. Cabe ao jornalista avaliar se é mais importante ter o registro gravado ou se convém preservar a naturalidade do diálogo. Ruy Castro é contra gravadores. Em reportagem da *Folha de S.Paulo* em 22 de outubro de 1995, ao falar sobre a biografia de Garrincha, ele explicou por quê: "Os melhores entrevistados são normalmente os coadjuvantes da história, as pessoas que estão nos bastidores. E essas pessoas, que não têm o hábito de dar entrevistas, inibem-se diante do gravador". Já Bob Woodward é o oposto: "Levo sempre dois gravadores. Não confio em mim mesmo", disse à revista *Imprensa*.

Eis aqui não só duas visões distintas, mas também circunstâncias diferentes. Enquanto Ruy lida com temas supostamente mais amenos – embora uma biografia possa estar cheia de controvérsias e questionamentos –, Woodward tem escrito livros sobre os bastidores da política no Estado mais poderoso do mundo. A preocupação com a exatidão de ambos pode ser a mesma, mas o grau de segurança e a necessidade de resguardar-se de eventuais acusações e desmentidos têm proporções muito distintas.

Alguns são mais radicais. Truman Capote não tomou anotação de nenhuma das entrevistas que fez para *A sangue frio*. Confiava em sua prodigiosa memória. Era um dos defensores mais fervorosos da ideia de que anotações desviam o rumo, comprometem o ritmo e tiram a naturalidade da conversa. Havia desenvolvido um método de memorização que pôs em prática na feitura da obra. Um amigo lia longos trechos de um livro e Capote tentava memorizar tudo para, em seguida, reconstituir a essência. O autor chegou a dizer que alcançava "95% de precisão". Sempre cínico e irônico, Capote, como se sabe, foi contestado pela suposta inexatidão de seus relatos. Polêmicas à parte, a pergunta que fica é: vale a pena correr o risco? Afinal, mesmo as memórias mais bem aquinhoadas cometem seus escorregões.

Existem também os flexíveis. Um deles é Ricardo Noblat, que já exerceu praticamente todas as funções, de repórter a editor-chefe, dentro de diferentes redações. Em seu livro *A arte de fazer um jornal diário*, ele recomenda o bom senso. Às vezes, o gravador atrapalha, tira o foco do entrevistado, que passa a se preocupar demais com a maneira como está falando e de menos com o que está dizendo. Nessas horas, é melhor desligar o aparelho.

Abandonar a gravação pode ser a solução para um diálogo mais fluente, mas ao mesmo tempo representa um problema. É difícil tomar anotações e manter, simultaneamente, um ritmo de conversa agradável e fluido. Sobretudo em entrevistas longas. A necessidade de anotar não raro tira a atenção do jornalista para a conversa e impacienta a fonte. O repórter acaba perdendo a oportunidade de efetuar novas perguntas, aprofundar o tema. Confiar apenas na memória, o talentoso e genial Capote já provou ser um risco. Que fazer, então? Profissionais experientes recomendam anotar apenas tópicos, palavras-chave. Com elas, é possível reconstituir o teor da conversa logo depois da entrevista. Só que essa técnica não funciona bem quando estão em jogo dados numéricos, datas ou outras informações detalhadíssimas, que requerem precisão absoluta. Nesse caso, melhor gravar ou anotar detidamente e até pedir para a fonte repetir a informação, se necessário.

Ter vergonha de pedir uma explicação mais detalhada ou de questionar algo que não tenha ficado claro, mesmo que a pergunta pareça banal, é passo largo para o desastre. A vergonha é inimiga do jornalista. Deixar-se vencer por ela não vale o risco de uma reportagem mal apurada ou, pior, errada. Quando dirigia a redação da *Veja*, Elio Gaspari gostava de brincar que preferia repórteres burros aos inteligentes. Porque o burro tem consciência de que não sabe nada e pergunta o que for necessário para entender do assunto com segurança. O inteligente, cheio de si, de vez em quando aparece com uma matéria incompleta. Se sentir que as dúvidas exasperam o entrevistado, o entrevistador deve pedir desculpas e alegar que não pretende cometer erros. A fonte vai entender, a menos que note que o repórter foi para o encontro visivelmente despreparado. Nesses casos, não há salvação.

Ao lidar com temas polêmicos, além da preferência pela entrevista gravada, uma prática saudável é obter um documento (simples, sem formalidades demais) assinado pelo entrevistado autorizando o uso de suas declarações e a divulgação de imagens suas ou cedidas por ele na obra. Esse procedimento mostra-se ainda mais conveniente em assuntos que envolvam denúncia, disputa, litígio, questões legais. É uma forma de o jornalista resguardar-se de eventuais desmentidos e ações judiciais. A mesma prática vale para o uso de imagens e documentos cedidos pelos informantes.

Alguns entrevistados reagirão de modo irascível a perguntas incômodas. O jornalista deve manter a tranquilidade e o autocontrole. Não demonstrar abalo é a melhor alternativa. Vi, certa vez, uma cena de autocontrole que me impressionou duplamente, no início dos anos 1990. Havia acabado de publicar, na *Folha de S.Paulo*, uma reportagem sobre um empreiteiro que vinha sendo acusado de várias irregularidades. A matéria estava tecnicamente correta e isso animou o empresário, arredio a jornalistas, a sair da toca. Ele procurou a *Folha* e se dispôs a dar uma entrevista sobre o tema. A direção do jornal destacou o veterano, profissionalíssimo e competente Clóvis Rossi para a matéria. Como eu havia feito a última reportagem, Rossi e a direção da *Folha* tiveram a elegância de convidar-me para acompanhá-lo. Fomos ao encontro do empreiteiro, em um sábado de manhã. Com um histórico de truculências – inclusive contra jornalistas – como acusações de invasão de terras, agressões e cárcere privado, o dono da construtora era uma pessoa acostumada a ser temida. Recém-chegado de uma viagem à China, recebeu-nos em seu escritório, nos Jardins, em São Paulo, trajando gravata e suspensórios com estampas de singelos ursos panda alimentando-se de brotos de bambu.

Durante mais de quatro horas de entrevista, ficou claro que não havia nada do pacífico panda na personalidade do empresário. Ele destilou agressões e acusações contra o governo, os concorrentes, os jornalistas e os órgãos de imprensa. Num dado momento, alterado com o que ele mesmo dizia, desferiu um violento soco na mesa e levantou-se, urrando palavrões e desferindo insultos. Até hoje não sei se não reagi porque estava preparado para isso ou se fiquei paralisado pelo gesto pra lá de rude. Rossi, calmamente, esperou que ele acabasse o gesto teatral – porém bastante convincente – e mudou o rumo da entrevista com uma pergunta muito diferente do tema daquele instante. O entrevistado, desarmado, sentou-se e voltou a falar num tom normal de voz. (Depois de editada e cortada com extremo cuidado, a entrevista, manchete da *Folha* na edição de segunda-feira, ocupou duas páginas do primeiro caderno. A repercussão foi imensa. Por precaução, guardo as fitas até hoje.)

A maneira mais fácil de ganhar a simpatia e a confiança da fonte é deixá-la à vontade. Ir até onde ela está, no começo, pode causar algum incômodo, mas aos poucos o entrevistado sente-se mais tranquilo do que se estivesse em um lugar estranho. As pessoas sentem-se mais à vontade se estão em seus domínios – em casa ou no escritório. Mas não é só isso. Ir ao encontro do interlocutor também se revela um ótimo recurso para a recriação de ambientes e na observação do modo de vida da fonte, caso isso tenha relevância – e quase sempre tem. Quando o autor precisa reconstituir a vida de um personagem do passado, procurar o lugar em que ele vive ou viveu e o contato *in loco* com quem o conheceu – ou com quem está acostumado com as narrativas locais a seu respeito – ajuda a formar uma ampla percepção do personagem e dos acontecimentos.

Se o encontro deixar a fonte totalmente à vontade, a chance de se obter uma boa entrevista cresce bastante. Dependendo do tema, o entrevistado pode emocionar-se. Nesses casos, só a sensibilidade dirá se é melhor mudar de assunto, caso o diálogo trave, deixá-lo exprimir seus sentimentos, permitir que reflita em silêncio – e usar isso como forma de pressão por mais informações – ou até mesmo encerrar a entrevista para ser retomada em momento mais oportuno.

Muitas vezes, é melhor deixar o entrevistado falar. Noutras, quando ele é dispersivo, convém interpor perguntas que o levem de volta ao foco. Jamais se deve interrompê-lo desnecessariamente. Pior ainda é tentar concluir o raciocínio de alguém. Em 1995, este autor, já com mais de uma década de profissão, cometeu esse equívoco. Durante uma entrevista com o presidente de uma multinacional da área de alimentos, fiz referência a determinada marca tradicional daquela empresa. A marca havia sido vendida a uma concorrente alguns meses antes, mas me esquecera do fato, embora tivesse feito a lição de casa e lido muito a respeito da empresa antes de deixar São Paulo rumo ao Rio de Janeiro para encontrar a fonte.

O executivo tentou consertar, explicando a situação, mas o jornalista, afoito e seguro demais do domínio que tinha do idioma estrangeiro, não percebeu a sutileza e entendeu tudo errado. Constrangida, a fonte calou-se. O resultado foi um pequeno desastre. A reportagem mencionava – felizmente sem muito destaque – a marca recém-negociada como pertencente à companhia que a havia vendido.

A informação foi corrigida na edição do dia seguinte, no espaço destinado a isso pelo jornal, mas abalou o relacionamento entre as duas empresas, que acabaram postergando outras negociações então em curso, e manchou a imagem do profissional perante a empresa. Esse executivo só voltou a me atender muito tempo depois. Toda vez que eu o via, me desculpava.

Isso serviu para abrir meus olhos para esse tipo de escorregão, para o perigo da soberba e para a responsabilidade que se tem quando se apura uma informação. Foi quando comecei a prestar atenção, como repórter e no período de um ano em que atuei como assessor de imprensa, nas várias intervenções equivocadas que a maioria dos jornalistas costuma fazer durante entrevistas. Por pressa, mera demonstração de saber ou por desconhecimento do assunto.

Quem se der ao trabalho de observar, vai perceber que algumas vezes o jornalista até "melhora" a informação, ao concluir de antemão uma frase do entrevistado. Fontes mais experientes e maliciosas, quando percebem que isso acontece, se calam. Nesses casos, o entrevistado ainda pode dizer, caso ocorra algum problema, que não proferiu aquela afirmação. A dica é ajudar a pessoa a expressar-se sem colocar palavras em sua boca. Esperar que ela conclua o raciocínio para só depois formular uma sentença e perguntar se corresponde ao que o informante queria dizer.

Outra preocupação que todo repórter deve ter é com informações falsas. Algumas fontes simplesmente mentem. Por vaidade, por interesse ou por falhas de memória, uma parte considerável dos entrevistados distorce os fatos. Alguns inventam ou "reelaboram" informações apenas pela necessidade de transmitir uma imagem mais positiva – ou até negativa, no caso de desafetos ou concorrentes.

Quase sempre é fácil descobrir uma mentira. Basta fazer pesquisa prévia, cruzamento de informações, muitas entrevistas e várias checagens. Uma técnica que funciona bem consiste em reformular perguntas e apresentá-las de modo diferente. Também funciona quando se entrevista as mesmas pessoas mais de uma vez e algumas perguntas-chave se repetem. As respostas contraditórias podem ser conferidas com outras fontes e até com o próprio entrevistado. De preferência com elegância. É melhor dizer "eu não entendi muito bem tal aspecto, não sei se o senhor quis dizer isso ou aquilo" do que "o senhor me disse coisas diferentes sobre isso ou aquilo".

Em qualquer apuração o jornalista pode deparar-se com mentiras, distorções ou lapsos de informação involuntários. Mas as biografias sejam talvez o gênero mais sujeito a "transgressões da verdade" com o intuito de manchar e, principalmente, de endeusar personalidades. Afora a tendência natural do ser humano de santificar os mortos, fontes que conviveram com o biografado podem mentir na tentativa de impedir que a memória do personagem seja maculada com passagens pouco edificantes, mesmo que a própria fonte saiba e reconheça, intimamente, que se tratam de fatos verdadeiros. E mesmo que, em vida, o biografado tenha tratado do assunto.

Existem também as biografias de pessoas vivas, e elas podem ser ainda mais delicadas. A possibilidade de interferência é grande. A visão que o personagem tem de si mesmo costuma ser distorcida. Em geral, as pessoas refutam qualquer coisa que se assemelhe a uma crítica. Também falta ou sobra senso crítico aos que estão a sua volta. A tendência natural do ser humano de ficar na defesa pode levar a todo tipo de excesso, inclusive de autocrítica, mas em geral de autocomiseração. São sentimentos que podem também estar muito presentes ao se tratar de um personagem morto há pouco tempo. O passar dos anos torna a visão das pessoas não exatamente objetivas, mas menos afeitas à subjetividade.

Há aqueles que mentem para parecer mais bem informadas. Algumas, para esconder passagens que elas próprias não gostariam de ver publicadas – mesmo que outros personagens e até o protagonista da história já tenham admitido as informações publicamente. Há mais motivos para a mentira do que se possa imaginar. Conclusão óbvia: é necessário desconfiar de tudo.

Mesmo que o entrevistado não minta, depoimentos costumam estar eivados de imprecisões e de uma visão muito particular de cada fonte. As pessoas avaliam os fatos e os personagens com os quais travaram contato por suas perspectivas pessoais. É assim que, ao escrever um perfil ou biografia, por exemplo, o jornalista vai se deparar com visões muito diferentes, às vezes muito fragmentadas, do personagem.

Outro problema são as distorções, intencionais ou não. Isso acontece muito quando quem fornece a informação está ligado a uma causa ou a um grupo social e tem interesses a defender. Fontes identificadas com causas – como ONGS, sindicatos e associações de todo gênero – constituem um importante manancial de dados, mas as informações que transmitem, mesmo que altamente relevantes, precisam ser relativizadas, porque visam a objetivos específicos ligados aos interesses dessas fontes.

Embora nem todos o façam, é comum esse tipo de informante transmitir ao jornalista uma informação distorcida, baseada em apenas parte da realidade – a parte que lhe interessa diretamente. Nem sempre de má-fé. Muitas vezes, na base da boa intenção, na tentativa de defender interesses legítimos, as fontes acabam com uma visão parcial do assunto que pode não representar um ponto de vista satisfatório quando levado ao grande e heterogêneo público. Por isso é sempre bom questionar os dados, saber como eles foram obtidos e confrontá-los com os de outros informantes.

Até os especialistas podem transmitir uma visão deturpada, mesmo que não intencional, porque concebem um ponto de vista totalmente pessoal ou vinculado a visões de mundo de um grupo determinado. O jornalista deve saber disso antes de usá-los como fonte ou consultores. Os especialistas em geral têm uma visão particular dos fatos conforme a natureza de suas atividades – trabalho em empresas, universidades, para o governo, ONGs etc.

As chamadas "fontes independentes" também sofrem da mesma limitação. Quase sempre sua independência se dá em relação ao *status quo*, mas não ocorre em relação a interesses. Um *expert* acadêmico que discuta, por exemplo, uma obra polêmica como a transposição de águas do rio São Francisco pode ser independente do governo e de grupos de interesse ligados ao projeto, mas partilha com seus pares da academia uma visão do problema que pode interferir em aspectos técnicos, econômicos e políticos da discussão.

Para contornar esse tipo de dificuldade, há dois recursos. Um é o de hierarquizar fontes. Estabelecer o grau de confiabilidade que elas têm, por seu histórico de informações prestadas com exatidão e pelos interesses que defendem em relação ao tema. O segundo é conceber uma reportagem que encampe mais de uma visão.

Amplificar a cobertura permite um aumento na exposição de informações e pontos de vista, prática que conduz ao jornalismo interpretativo. O volume de informação e de visões distintas acabam por formar um retrato complexo e mais fiel da realidade. Mas, claro, deve-se evitar servir aos interesses de determinado lado da questão e ao mesmo tempo fugir da prática de amontoar pontos de vista diferentes sem relacioná-los entre si e sem, principalmente, contextualizá-los.

Existe ainda um capítulo que merece cuidado especial na apuração: o uso do *off the record*. A informação *off* (não registrada ou não gravada) já comprovou sua importância e eficácia para o jornalismo mundial. O caso clássico é a cobertura do caso Watergate, envolvendo corrupção, fraude, chantagem e lavagem de dinheiro em uma campanha eleitoral para a presidência dos Estados Unidos. O caso durou de junho de 1972 a agosto de 1974.

Informações *off* ao longo da série de reportagens de Carl Bernstein e Bob Woodward para o *Washington Post* contribuíram decisivamente para a renúncia do presidente Richard Nixon. Especialmente as de uma fonte denominada pelos autores como "Garganta Profunda" (Deep

Throat, em referência a um famoso filme pornográfico homônimo da época). Muito se especulou em torno da identidade da fonte, até que em meados de 2005, doente, aos 91 anos, Mark Felt, ex-agente especial do governo americano, saiu da sombra e assumiu a identidade, logo confirmada por Woodward e o *Post*.

O verdadeiro nome de Garganta Profunda poderia ficar no limbo da história pelo resto dos dias. A fonte era importante, pelo alto cargo que ocupava na Casa Branca e pelas informações que prestou – mais confirmações do que dados. Sua identidade, não. Principalmente porque foi graças ao anonimato do informante que os jornalistas conseguiram avançar na apuração. O fundamental na história é que as informações eram corretas e puderam ser, em primeiro lugar, checadas, e em segundo, confirmadas pelos fatos posteriores. Quem precisa saber de quem se trata a fonte é o repórter que apura e, eventualmente, seu chefe ou editor, a fim de que a decisão de dar uma notícia sem identificar a fonte tenha algum respaldo dentro do veículo.

Eis aí o essencial do uso do *off*. A fonte tem de ser confiável, e as informações precisam passar pelo crivo de outras fontes. O *off* não é pior nem melhor que uma informação *on*. Representa uma alternativa quando não há outras possibilidades melhores de se apurar notícias. Há casos em que o repórter não vai conseguir uma declaração ou confirmação *on* por mais que se esforce. Tem de recorrer ao *off* bem apurado e seguro.

O informante se esconder atrás do anonimato pode ser um procedimento legítimo, se ele tem algo a temer. A fonte que se dispõe a esse tipo de informação sabe que corre riscos, caso seja identificada. Risco de perder o emprego e até a vida. O problema é que muitas vezes uma informação *off* esconde são interesses escusos.

Declarações protegidas pelo anonimato podem ser um belo instrumento nas mãos de fontes inescrupulosas para usar o jornalista a fim de atender a seus propósitos. O risco de manipulação é grande. Trabalhando em uma editoria de economia, em 1991, escrevi uma matéria inteira com informações em *off* sobre os planos do Ministério da Agricultura para o plantio de trigo, numa época que o Brasil sonhava em ter autossuficiência na produção de trigo – entre outras razões, porque o preço do pãozinho tem um peso grande na inflação. O executivo do ministério disse-me que não eu poderia atribuir aquelas informações a ele, pois seria repreendido pelo ministro por vazar as medidas, que saíram dali alguns dias, na forma de um "pacote" para o setor rural.

A matéria estava correta. Tomei todos os cuidados, chequei o que era preciso etc. Cheguei a receber, por intermédio do editor, os cumprimentos da direção do jornal – cujo interesse em questões agrícolas, na época, era grande. Tempos depois descobri que fizera exatamente o que o ministério queria: publiquei um balão de ensaio – uma notícia não inteiramente verdadeira, em que se pudesse avaliar a reação dos possíveis interessados. Algum tempo depois, o ministério divulgou de forma oficial o plano de safra com poucas modificações em relação ao que havia sido publicado. O pacote havia agradado aos agricultores.

A manipulação de repórteres ingênuos por fontes espertas pode ser feita também com informações em *on*, mas ela encontra um terreno sempre mais propício no *off*. Isso ocorre também porque esse tipo de informação ganhou um status considerável entre os jornalistas brasileiros, principalmente depois da abertura política, quando o jornalismo "de denúncia" ganhou espaço no país, prestou vários serviços – como o *impeachment* do presidente Fernando Collor ou a cassação dos chamados anões do Orçamento, parlamentares que desviavam recursos do orçamento federal –, mas também produziu algumas barbaridades.

Por muito tempo – e ainda hoje, na cabeça de muita gente –, ter uma informação em *off* agregava prestígio perante a chefia e os colegas. Cansei de ouvir, nas redações por onde passei, repórteres ao telefone dizendo "se o senhor quiser, eu nem atribuo a informação; a gente dá em *off*", frase dita com mal disfarçado desejo de que assim fosse. Chegar para o editor e dizer que tinha um *off* quentíssimo sobre um tema atual já representou a quase certeza de um bom espaço para a matéria. A prática generalizou-se a tal ponto que muitas fontes, conhecedoras dos meandros do jornalismo e hábeis manipuladoras, propunham elas mesmas o *off* – prontamente aceito pela maioria dos jornalistas. A generalização deu margem à banalização da prática e, por fim, em casos extremos, a seu emprego sem os devidos cuidados. Isso sem falar na total distorção do conceito original.

Mas os enganos do *off* não estão só na manipulação. Estão também nos riscos de, a pretexto do sigilo, obter-se informações incompletas. De tão secretas, nem mesmo o jornalista sabe exatamente do que está falando. Quem se der ao trabalho de ler *Todos os homens do presidente* ou assistir ao filme homônimo verá. Há passagens risíveis, em que a fonte diz não poder falar do assunto. Os jornalistas pedem que, então, as pessoas confirmem as informações com códigos (balançando a cabeça ou fazendo silêncio ao telefone, por exemplo). Bernstein e Woodward mostram, ao longo da obra, quantos equívocos conseguiram com isso. A rigor, o verdadeiro *off* seria informação para nem ser publicada. Servia, apenas, como subsídio para o repórter, a fim de orientá-lo, futuramente, na apuração de alguma matéria. O jornalismo acabou empregando o *off* também com informações de fontes anônimas, mas parcialmente identificadas pela função que exercem ou pela posição que ocupam no espectro social ou político – "um economista ligado ao Ministério da Fazenda disse" – ou totalmente não identificadas. O rótulo que se dê à informação de fonte não declarada pouco importa. Mas o uso que se faz dela tem toda a relevância. É preciso ter a consciência de que as informações prestadas ao público são de responsabilidade do jornalista, não da fonte que as forneceu. Por isso, o *off* tem de ser empregado com bom senso e rigor extremos.

Em que pese o fato de várias reportagens importantes da história recente do país terem sido produzidas com base em informações de fontes não declaradas, a prática generalizou-se e banalizou a tal ponto que hoje em dia é possível ler nos jornais até críticas à conservadora política monetária do Banco Central em declarações anônimas. Mesmo nos Estados Unidos, onde o *off* é quase uma instituição, volta e meia jornalistas e acadêmicos reclamam do abuso.

No livro, em que as implicações são de mais longo prazo, o cuidado com o "serviço" que se possa prestar a informantes não identificados precisa ser redobrado. Isso sem falar nos riscos de distorção da verdade, que se perpetuaria com a obra. O remédio está na prudência e na apuração rigorosa de cada dado, de cada palavra, por menor importância que pareça ter. O fundamental é avaliar se a informação é relevante o suficiente para constar da apuração e se ela não visa a interesses escusos.

A pergunta que o jornalista deve sempre se fazer – e fazer à fonte, se isso não ficar claro – é qual a justificativa para o *off*. A resposta deve ser analisada com frieza e, mesmo que conclua que as alegações do informante fazem sentido, o jornalista deve desconfiar e continuar checando, enquanto for possível, se não está sendo vítima de uma manipulação. Se não estiver convencido de que há razões para o dado ser assumido como o de uma fonte anônima, é melhor rejeitar a informação do que correr o risco de publicar algo errado ou ser vítima de algum tipo de jogo.

Abrir mão da informação não significa "abrir" o *off*. Só em casos muito excepcionais, de má-fé comprovada, o jornalista tem o direito de revelar a fonte que o tentou manipular. O jornalista tem de respeitar o pedido de resguardo da identidade do informante, porque ele é um de seus instrumentos de trabalho e porque, em tese, a fonte que concedeu a informação anonimamente demonstrou boa vontade em colaborar com sua tarefa. O perigoso é o repórter considerar que o *off* recebido contém a verdade absoluta e foi a ele confiada como a um oráculo.

O profissional que valoriza demais seu trabalho e as informações de que dispõe acaba caindo nas armadilhas da vaidade e da sensação de que sabe tudo. Por isso a necessidade de tratar o *off* como aquilo que ele realmente é: um dado para ser trabalhado, apurado, conferido, consolidado com outros e posto à prova de maneira crítica e exigente. Ou seja, tem de ser submetido às mesmas regras técnicas e éticas de qualquer informação.

TEXTO

Compare um relatório técnico sobre um incêndio, feito, por exemplo, por uma seguradora, e uma reportagem de jornal sobre o mesmo acontecimento. A rigor, os dois textos são informativos e tratam do mesmo tema. Mas apresentam uma diferença abismal. Em primeiro lugar, porque têm objetivos diferentes. O relatório visa a uma informação especializada e circunscrita. A reportagem procura um público bem mais amplo e heterogêneo. Quem ler o relatório o fará por obrigação profissional ou interesse pessoal. Em raros casos, será por mera curiosidade. Mas quem mergulhar na leitura da reportagem estará movido não só pela curiosidade, mas também pela atratividade da história, por seu apelo, pela qualidade da narrativa, pela necessidade de informar-se e pela sedução do próprio texto jornalístico.

Antes que alguém se sinta ofendido, o confronto acima não emprega juízo de valor. Por serem de naturezas distintas, um texto técnico e uma matéria jornalística não têm comparação entre si. Prestam-se a finalidades diferentes e podem ser bons ou ruins dentro daquilo a que se propõem. O exemplo serve apenas para reforçar uma afirmação que não deveria sair da cabeça de nenhum jornalista: escrever uma reportagem não é enumerar fatos mecanicamente, mas sim dar vida a uma história real.

O caráter "exclusivo" do livro permite o resgate do chamado "texto de autor". O estilo do escritor-jornalista muitas vezes se vê sufocado pelas exigências de tempo, espaço e manuais de estilo das redações em que trabalha. No livro, o texto ganha contornos amplos: permite uma concepção mais literária, dá margem a diferentes construções, quase sempre impraticáveis em um jornal ou uma revista. Hoje, um repórter dificilmente conseguirá, por exemplo, escrever para o veículo que o contrata – salvo exceções muito especiais – uma reportagem como se fosse um conto de suspense, em que as informações vão se encadeando para elucidar o mistério apenas no final. Se quiser fazer o mesmo em um livro-reportagem, não há nada que o impeça, a não ser o próprio talento. O risco é todo seu. Não é à toa que o livro-reportagem tem sido praticamente o único meio de se exercer, no Brasil, o jornalismo literário, gênero em que a experimentação é possível e em que forma e conteúdo gozam de igual importância.

A tarefa de escrever fica mais fácil quando o jornalista tem o completo domínio da história. Como já disse, não se trata de uma memorização detalhada, mas sim da compreensão do tema e do encadeamento dos fatos. Quem entende todo o processo é capaz de descrevê-lo melhor. Muitos autores esperam ter toda a história apurada antes de começar o texto. Defendem ou defenderam essa vertente escritores de renome no exterior (Capote, John Reed) e aqui (Ruy Castro, Fernando Morais). Outros preferem ir escrevendo conforme a apuração for sendo tocada. Ao mesmo tempo em que adianta o trabalho, o "pré-texto" serve como rascunho da redação final.

Possivelmente, quem adotar a segunda opção terá de reescrever boa parte do material. Os programas de edição dos computadores tornam essa tarefa, penosa na época das velhas máquinas de escrever, relativamente fácil. Mesmo quem deixar a escrita toda para o final não deve ter ilusão de que ela irá fluir fácil e irretocável. Com talvez raríssimas exceções, o escritor é, antes de tudo, um "reescritor". Para conseguir um texto final redondo será preciso retrabalhá-lo muitas vezes. John Hersey levou um mês e meio para escrever *Hiroshima*. Depois de entregar a matéria, a *The New Yorker* ainda o mandou mexer no texto pelo menos mais três vezes (veja o próximo capítulo).

Em qualquer caso, a adoção de um rápido roteiro de como as informações devem ser apresentadas e em que sequência costuma ser um facilitador e tanto. Principalmente para iniciantes, ainda pouco afeitos às armadilhas do texto longo. O roteiro também ajuda a evitar a praga da repetição de informações, que muitas vezes acomete o produto final. O autor dá uma olhada rápida no roteiro e lembra-se que já mencionou,

lá atrás, aquele fato. Pode então nem falar dele, mencioná-lo mais superficialmente e, se preciso, fazer uma ligação entre as duas passagens.
Não existem receitas de como escrever uma reportagem. Ou melhor, até existem, mas servem apenas como alternativas no meio de uma gama imensa de possibilidades. Cada história é única e cada narrador tem suas peculiaridades. Conhecer fórmulas e modos de fazer é útil, mas o toque pessoal, o estilo, a sensibilidade do repórter, seu repertório cultural, o jeito de contar a história são os ingredientes que fazem a singularidade de um relato. Um mesmo fato, apurado com o mesmo rigor, com base nas mesmas informações pode ser descrito de inúmeras diferentes formas, conforme o autor. É por isso que ainda não existem programas de computador escrevendo reportagens ou romances. Ainda bem.
Seria uma insana pretensão querer oferecer uma fórmula de texto para o livro-reportagem. As possibilidades são tantas e tão grandes que não seria possível enumerá-las. O que se pode oferecer são algumas dicas. A primeira delas: seja você mesmo. Se você escreve de modo claro e direto, não precisa abusar de recursos que não domina para melhorar seu texto. Procure melhorar, sim, aquilo que já faz com naturalidade, aperfeiçoando sempre seus dons. Não deixe de aprender novas formas de se expressar pela escrita, mas antes de colocá-las num texto para publicação, teste-as. Veja se elas funcionam de acordo com sua maneira de pensar e se você tem habilidade suficiente com elas.
A função básica do livro-reportagem é informar com profundidade. Para que o leitor se sinta impelido à leitura, o texto tem de atraí-lo. O que em geral chama a atenção e prende o leitor à narrativa é a emoção. O texto do livro jornalístico não precisa ser um texto telegráfico, curto, direto, relatorial, sem vida e até burocrático que se vê na maioria dos jornais. Também não precisa ser verborrágico e estar repleto de palavras desconhecidas. Nem exige a presença de adjetivos para transmitir emoção. O que passa emoção é o modo de contar, não os adjetivos que o escritor emprega. Veja esse exemplo:

> Alguns armários sem porta mostravam grandes garrafas de vidro com pedaços de corpos mergulhados em formol. Mãos. Pés. Cabelos. Fetos deformados. Olhos. Muitos vidros cheios de olhos flutuantes. Álbuns e mais álbuns com fotografias de cadáveres em todos os estágios de putrefação. Livros de capa preta. Velhos instrumentos um dia usados nos exames de necropsia. Cadeiras quebradas. Pedaços de

macas. Máquinas de escrever emperradas. Apontei o centro da sala, para mostrar ao diretor o motivo de meu interesse. Uma montanha de pastas e papéis velhos cobertos de pó. Ele sabia muito bem do que se tratava.

Quantos adjetivos você contou no parágrafo acima? Eu contei três: "grandes" e "velhos" (duas vezes). Ainda assim, os dois só foram empregados como parte essencial da descrição da cena – que se pode classificar, em um adjetivo, como horripilante. O trecho é parte de *Rota 66*. Foi dessa maneira que Caco Barcellos descreveu sua visita ao Instituto Médico Legal de São Paulo para pesquisar, nos documentos de transporte de cadáveres, indícios de ação violenta da Polícia Militar.

Textos claros, densos, incisivos e simples como esse transmitem muita emoção sem precisar a recorrer a nenhuma fórmula estranha ao jornalismo. Narrativas com esse grau de detalhe e intensidade parecem simples, mas requerem a atenção do autor para tudo que está à sua volta com a preocupação de mais tarde descrever cenários e acontecimentos. Alguns já nascem com o necessário talento para isso. Outros, devidamente treinados, podem alcançar o mesmo grau de perfeição. E, com isso, começar a vislumbrar o texto final já durante o processo de apuração.

Segunda dica: esqueça a primeira e ouse. Se tiver segurança, ouse. Use a criatividade, invente, empregue fórmulas da literatura, coloque uma pitada de suspense para puxar a leitura. Só não esqueça de ser claro e terminar o relato com informação suficiente para que o leitor entenda a história. É um caminho fascinante, mas arriscado, só recomendável a quem tem muito domínio das técnicas de escrita. Requer coragem e muito talento, pois tanto pode levar à glória quanto à perdição.

Uma boa maneira de tornar o texto fluido é encadear fatos uns nos outros, procurando elementos – verdadeiros, por favor – que façam essa ligação dentro da história. Recursos como *flashbacks*, discurso direto e diálogos ajudam a tornar o relato mais natural. Repare na riqueza de detalhes e na ligação com o futuro que Ruy Castro faz nesse trecho de *Estrela solitária*:

Por uma superstição recém-adquirida pelo roupeiro Aluísio, o Botafogo disputara aquele campeonato com camisas de mangas compridas. E, já havia algum tempo, Garrincha vinha usando o cós do suporte Big dobrado por cima do calção. Nilton Santos fizera o mesmo, e outros jogadores os imitaram. As mangas compridas e o suporte aparente seriam a marca do Botafogo de 1962. Até o "Manequinho" (o chafariz do Mourisco em forma de estátua de criança) seria vestido assim no dia seguinte. No futuro, quando os botafoguenses se lembrassem de Garrincha, aqueles dois detalhes seriam definitivos. [...] Ninguém podia adivinhar – nem ele nem os 146.287 torcedores no Maracanã – que aquele Botafogo x Flamengo de 15 de dezembro de 1962 seria, de certa maneira, a última partida de Garrincha.

O estudo dos autores do *new journalism* mostra que algumas técnicas, empregadas desde a apuração, funcionam muito bem nas longas reportagens e, por conseguinte, nos livros:

- Reconstituição minuciosa dos fatos. O jornalista procura saber como tudo aconteceu, com quem, onde e a que momento. Isso além de dar credibilidade, ajuda a recriar o cenário, o ambiente e o clima dos fatos.
- Descrição cena a cena. Procurar contar como a trama se desenvolve no correr do tempo.
- Reconstituição de ambientes e épocas. Muitas vezes, o relato requer uma ilustração do momento histórico. Por exemplo, para falar do crescimento da indústria automobilística no Brasil, é preciso esmiuçar o momento econômico e o cenário político decorrente da eleição do presidente Juscelino Kubitschek. Para retratar a vida no período da escravidão, é necessário descrever em detalhes a casa-grande, a senzala e as demais instalações da época.
- Evitar a menção constante de fontes. A leitura sempre se torna mais agradável e fluida quando o texto evitar citar cada informação que dá. O autor deve preocupar-se de contar a história como se ele fosse o único narrador, sem necessidade de atribuir cada informação à respectiva fonte. Isso é um detalhe que pode ficar subentendido na narrativa, mas, se a apuração foi rigorosa e envolveu vários informantes para os mesmos dados, não faz sentido atribuí-las a alguém específico. As exceções precisam ser creditadas na conta do bom senso. O atual padrão empregado na imprensa brasileira – em especial nos jornais – tem lá suas justificativas, mas é pobre e às vezes irritante.
- Reproduzir diálogos com o máximo de exatidão, desde que não quebrem a narrativa, torna o relato mais vivo, rico e humano. Funciona, se não houver abuso.

- Evitar passagens abruptas de um assunto para outro. Sempre que possível, estabelecer ligações entre um parágrafo e o seguinte, entre passagens de texto e até capítulos.
- O caráter da obra requer a preocupação também com delimitar os fenômenos no tempo e no espaço. São necessários alguns cuidados com expressões temporais como "ainda hoje" e "no ano passado". Fazem todo sentido no periódico e nenhum no livro. O emprego dos tempos verbais pode ser um desafio.
- Alguns assuntos mais áridos, como precatórios, corrupção e macroeconomia, são menos dados à leveza do que a biografia de um pintor ou a trajetória musical de uma banda. Mesmo que não possa se valer de recursos de linguagem mais literária, o autor tem por obrigação proporcionar ao leitor um entendimento cristalino e profundo da questão, efetuando um esforço para traduzir o tema e analisá-lo com base no maior número de informações disponível.

Essas são apenas algumas recomendações. O tempo e a experiência darão a cada um uma visão mais completa e – quem sabe? – até diferente dessa. A missão da reportagem é contar uma história com começo, meio e fim, que informe e emocione o leitor – seja pelo encantamento ou pela indignação. O relato sempre pode e deve recorrer a alguns artifícios para fugir do padrão tradicional da notícia como se pratica no Brasil: *lead*, *sublead*, texto seco, sem adjetivos, uso da pirâmide invertida etc. A informação tem de estar lá, mas o modo como ela se apresenta não precisa constar de nenhum manual. O importante é que ele cumpra sua função.

A prática de escrever sempre e muito assegura o preparo necessário para uma das maiores dificuldades do autor ao apresentar uma reportagem em livro: garantir a linearidade do texto, passar a impressão de que foi escrito de uma única vez. O desafio está em interligar as informações obtidas em diferentes fontes (entrevistas, pesquisa, bibliografia etc.) em um conjunto harmônico, sem o recurso pobre de amontoar blocos monolíticos de informação "segundo a fonte X ou Y". Um inimigo oculto nesse processo pode ser o excesso de detalhes irrelevantes. O detalhe é imprescindível para a qualidade da obra, desde que atenda à finalidade contextualizadora. Senão, funciona como ruído. Pode ser curioso ou engraçado, mas se quebrar o fio condutor da narrativa vai tirar sua graça e até seu impacto.

Por fim, o iniciante deve lembrar que há duas maneiras fundamentais de se familiarizar com a escrita. A primeira consiste em ler muito. Ler de tudo. Os melhores romances, os melhores livros-reportagem, os melhores jornais, revistas etc. Ler, comparar e, de vez em quando, arriscar o emprego de algumas das técnicas dos melhores autores em seus próprios textos. A segunda é praticar. Praticar sempre. E ousar quando for possível.

EDIÇÃO

Depois de ter tido todo esse trabalho, o autor tem de armar-se de paciência, conter a ansiedade e esperar pelo resultado do trabalho. Agora, o comando das ações não está mais em suas mãos. Chegou a hora de a editora entrar definitivamente em cena. A tarefa de dar forma final ao livro cabe a ela. Diferentemente do que se costuma ver nos jornais, a edição de um livro é processo longo e trabalhoso. Convém dar uma rápida olhada de como funciona.

Em geral, não se produz um livro em menos de um mês – exceto em casos muito especiais ou de reedições, quando a maior parte do trabalho está feita. Pode levar de dois a três meses, se o trabalho for feito com capricho. Em casos de grandes obras, a demora é ainda maior. O lançamento, a chegada às livrarias, também varia. Pode ser imediato ou demorar meses. As editoras trabalham com programações mensais de lançamento. Os novos livros entram na fila.

O produto passa por algumas mãos antes de chegar a seu estágio final. O editor é o contato com o escritor, a face visível da editora. É quem avalia o projeto e depois os originais da obra. Responsável pelo conteúdo, discute, sugere e determina, entre outros aspectos, o tamanho do livro, a capa, as ilustrações e o título. Está cercado de uma série de profissionais de apoio em todas as áreas: comercial, técnica, editorial, de pesquisa, financeira, administrativa etc. São esses profissionais que cuidam do envio do livro para impressão – a maioria das casas editoriais não possui gráfica própria –, tratam da distribuição, fixam seu preço, estabelecem estratégias de marketing e vendas, bolam promoções.

O editor também pode valer-se de consultores – em geral conhecedores de determinados assuntos, chamados a avaliar obras específicas – e de outros profissionais de fora da estrutura formal da editora.

Dar forma ao conteúdo determinado pela dupla autor-editor é responsabilidade do produtor, alguém responsável pelo aspecto visual e gráfico da obra e por outras funções, como a preparação de texto – adaptação aos padrões da editora – e revisão, entre outras atribuições. Pode cuidar do processo todo ou repassar parte das tarefas, como preparação e revisão.

Revisores e preparadores (às vezes uma só pessoa exerce as duas funções) em geral sugerem melhorias no texto, apontam problemas de compreensão – que o autor nem sempre percebe, uma vez que ele mesmo escreveu –, identificam ruídos de comunicação, redundâncias, incoerências, imprecisões. Editoras também têm seus manuais de estilo, e a função desses profissionais, entre outras, é adequar os textos a eles.

É de responsabilidade da editora preparar os textos de quarta capa (contracapa) e orelha, mas nada impede que o escritor contribua com alguma sugestão. Também faz parte da edição o processo de escolher e publicar ilustrações, gráficos, fotografias. Em livros-reportagem, trata-se de algo muito comum. O próprio autor pode e deve sugerir o que, onde e como utilizar o material iconográfico, mas a decisão final sempre caberá à casa editorial. O uso de iconografia demanda cuidados. As editoras sabem disso, mas o autor também precisa saber que a utilização de fotos e ilustrações requer autorização – e às vezes pagamento de direitos – dos titulares da imagem. O emprego de quadros e gráficos exige menção da fonte.

Mesmo que seja um jornalista com anos de experiência e um texto fabuloso, o autor deve sempre olhar com carinho as mudanças propostas pelo pessoal da editora. A tarefa de escrever um texto longo e encadeado é árdua, e, por isso mesmo, uma visão de fora sempre ajuda a pegar pequenos defeitos e enriquecer o produto final. Acredite, isso acontece até com autores consagrados.

Dependendo da editora e do profissional contratado para esse serviço (seja ele produtor, diagramador, preparador ou revisor) pode eventualmente entrar em contato com o autor para discutir detalhes, tirar dúvidas e propor soluções. São eles que cuidam de índices, sumários e outros adendos. Como o texto é de responsabilidade de quem o escreveu, a prova final – última revisão feita, em geral no papel já com a forma definitiva – em geral é entregue ao autor, que, assim, tem uma ideia de como ficará seu livro – agora sim, finalmente, próximo de se tornar realidade. Então, mãos à obra e boa sorte.

CAPÍTULO VI

Hiroshima: uma aula de jornalismo

Em 31 de agosto de 1946, a revista *The New Yorker* promoveu o mais ousado tratamento editorial jamais visto na história do jornalismo. Quebrou sua tradição de respeitar as seções fixas – mantendo apenas a programação cultural da cidade – e publicou uma única matéria em toda a edição. Não era uma reportagem qualquer. O relato das aventuras e principalmente desventuras de seis sobreviventes ao bombardeio atômico à cidade japonesa de Hiroshima, um ano antes, continua, até hoje, apontado pela crítica especializada como a mais brilhante reportagem de todos os tempos.

Publicado em uma época em que pairava sobre a opinião pública americana um manto de silêncio acerca das consequências dos eventos que levaram à rendição do Japão na Segunda Guerra, o texto do repórter free-lancer John Hersey (1914-1993) teve repercussão imediata. A edição de trezentos mil exemplares, restrita apenas à cidade de Nova York e adjacências, esgotou-se em poucas horas.

A *New Yorker* recebeu inúmeros pedidos de reimpressão e nem sempre foi capaz de atendê-los. Exemplares ou cópias eram revendidos com ágio de mais de 13.000%, sendo negociados por até US$ 20, numa época em que a revista custava US$ 0,15 nas bancas. Outras publicações interessaram-se pela reedição do texto, em caráter nacional. A rede ABC e a BBC, de Londres, transmitiram a leitura da reportagem no rádio, na íntegra.

A matéria de Hersey deu, pela primeira vez, a dimensão humana dos acontecimentos. Após um ano inteiro de textos que tratavam a explosão nuclear como um evento estatístico – morte de 130 mil pessoas no período de três meses após o bombardeio, destruição de casas numa área superior a 30 km² –, as vítimas até então sem rosto acabavam de ganhar uma identidade.

Ao falar diretamente dos seis sobreviventes, Hersey pôs a nu a história de milhares de inocentes. Até então, a mídia americana evitara abordar o assunto desse ponto de vista. O lançamento da bomba em Hiroshima e, dias depois, em Nagasaki, era tratado como um fato insípido, inodoro, incolor e sem consequências visíveis. Hersey tratou de dar a ele cores bem vivas.

A situação do dr. Fujii, do dr. Kanda e do dr. Machii – e, por extensão, da maioria dos médicos de Hiroshima – logo após a explosão, com seus consultórios e hospitais destruídos, seu equipamento disperso, seus próprios corpos incapacitados em diferentes graus, explica por que tantos feridos não receberam cuidados e por que morreram tantos cidadãos que podiam ter sido salvos. Dos 150 médicos existentes em Hiroshima, 65 estavam mortos e os restantes se encontravam, na maioria, feridos. Das 1.780 enfermeiras, 1.654 estavam igualmente mortas ou impossibilitadas de agir. No hospital da Cruz Vermelha, o maior da cidade, apenas seis médicos, de uma equipe de trinta, e dez enfermeiras, dentre mais de duzentas, tinham condições de trabalhar. O dr. Sasaki era o único médico desse hospital que escapara ileso. Depois da explosão, ele correra para buscar ataduras num depósito onde, como no restante do prédio, reinava o caos – frascos de remédio tinham caído das prateleiras e se espatifado, unguentos mancharam as paredes, instrumentos se esparramaram por todo canto. O dr. Sasaki pegou algumas bandagens e um frasco de mercurocromo que estava intacto e medicou o cirurgião-chefe. Em seguida, saiu para o corredor e cuidou dos pacientes, médicos e enfermeiras que ali se achavam. Estava enxergando tão mal que se apoderou dos óculos de uma enfermeira ferida – embora lhe proporcionassem uma correção apenas medíocre da visão, eram melhores que nada. (Acabaria usando-os por mais de um mês.)

O texto incomodou o *establishment*. Tanto que, por muitos anos, não pôde ser publicado no Japão do pós-guerra, militarmente ocupado pelas forças dos Estados Unidos. As Forças Armadas americanas temiam que o impacto da reportagem inflamasse uma reação violenta. A população japonesa, como sempre, vivenciava sua revolta e humilhação em absoluto silêncio.

De cara, as pessoas notaram que ali estava um dos mais bem-acabados exemplos de jornalismo sério, levado às últimas consequências. Ao noticiar a publicação, o mais influente jornal americano, *The New York Times*, bem ao seu jeito, solene, previu: "Quando esse artigo de revista aparecer em formato de livro, os críticos dirão, no estilo deles, que ele é um clássico. Mas ele é muito mais do que isso". Não demorou muito para a edição do livro e o vaticínio do *Times* virarem realidade.

Com sutileza, elegância, vigor, apuro técnico e sensibilidade, Hersey despertara a opinião pública como quem tenta reanimar alguém de um desmaio: a bofetadas. A população americana acabava de ganhar elementos e motivos suficientes para refletir sobre a atuação dos Estados Unidos no final da guerra.

Dias depois da publicação, ficou claro que o emprego da bomba foi, antes de uma necessidade, um desejo do exacerbado militarismo americano: um almirante da Marinha dos EUA, William Halsey, declarou aos jornais que a drástica solução nuclear havia sido precipitada. O alto comando militar e o serviço secreto já dispunham da informação de que o Japão estava prestes a se render mesmo antes das tropas de Tóquio suspeitarem da existência da bomba. A explosiva revelação foi considerada uma espécie de reação natural à força da reportagem de Hersey. Grupos pacifistas atribuem a *Hiroshima* parte do despertar da luta contra as armas nucleares no primeiro mundo. Ainda hoje o texto permanece chocante e atual.

> Os médicos entenderam que, mesmo que não tivessem sofrido queimaduras e outros efeitos da explosão, a maioria dessas vítimas fatais tinha absorvido radiação suficiente para exterminá-las. Os raios simplesmente destruíam células do corpo – provocaram a degeneração de seu núcleo e romperam-lhes as paredes. Muita gente que não morrera de imediato teve náusea, dor de cabeça, diarreia, mal-estar e febre por vários dias. Os médicos não sabiam ao certo se alguns desses males se deviam à radiação ou ao abalo nervoso [...].

O sucesso do trabalho de Hersey pode ser creditado a pelo menos cinco fatores combinados. O primeiro é o caráter humano da história. Gente, como se sabe, é a matéria-prima essencial da reportagem. Hersey dá vida às pessoas que participaram do evento. Literalmente, expõe suas feridas. Físicas e emocionais. Penetra a alma de cada um dos seus personagens e mostra o turbilhão de sentimentos que tomou conta do espírito japonês.

Ao escolher seis personagens emblemáticos dos acontecimentos de Hiroshima, levou ao público o cerne da história e a dor que envolveu uma cidade, na época com quatrocentos mil habitantes, e todo um país, prostrado diante da brutalidade e da dolorosa surpresa que representava a bomba. Hersey copiou a ideia da cobertura de um acidente com operários da área de mineração no Peru. Havia lido uma reportagem que falava do todo pela ótica de cinco mineiros que sobreviveram ao acidente. Os seis protagonistas de *Hiroshima* relatam o que faziam nos momentos que antecederam a explosão, em 6 de agosto de 1945, e o que se sucedeu em seguida. Suas histórias fazem referência direta à de outras pessoas. Por extensão, a narrativa acaba dando vida a milhares de vítimas sem rosto.

A apuração rigorosa e precisa de Hersey, segundo fator importante, também contribuiu decisivamente para o resultado final. Na época, o autor era um jovem de 32 anos, nascido na China, que havia emigrado para os Estados Unidos aos 11 anos e que já acumulara larga experiência na cobertura internacional. Estava atuando como correspondente na Ásia com despesas custeadas por duas publicações – a própria *New Yorker* e outro ícone da mídia americana, a *Life*. Seu reconhecido talento e sua competência o credenciavam a vários cargos nas principais redações dos Estados Unidos. Era apontado como nome certo à sucessão do editor da não menos famosa revista *Time*, onde já havia trabalhado.

O terceiro fator de sucesso está no texto denso, vigoroso e ao mesmo tempo enxuto, claro, conciso. O autor foi capaz de transmitir a emoção de seus personagens, reproduzir os acontecimentos por eles narrados com precisão, elegância e sobriedade, além de descrever os ambientes em que viviam, antes e depois da bomba, com detalhe quase fotográfico.

Muitos dos estudiosos, inclusive norte-americanos, apontam Hersey se não como o precursor, como o autor que deu novo rumo ao jornalismo literário a partir de *Hiroshima*. Curioso notar que, apesar do rótulo, o texto de Hersey dispensa, um a um, todos os recursos do romance, tão apreciados por outros autores que viriam nas décadas seguintes, como Gay Talese, Norman Mailer e Truman Capote. Trata-se de uma matéria jornalística clássica, escrita com linguagem clara e simples. Vai direto ao ponto com objetividade e clareza, praticamente ignora a existência dos adjetivos e procura deixar o narrador o mais distante possível dos eventos descritos. Palavras e frases estão muito bem escolhidas e aplicadas na medida certa. O relato passa longe do sensacionalismo. Mesmo assim, emociona e incomoda. Em alguns momentos, a crueza chega a ser perturbadora:

O ex-presidente da Associação do Bairro de Nobori-cho, à qual os padres pertenciam, era um homem enérgico, chamado Yoshida. Quando estava encarregado da defesa antiaérea, ele se gabara de que o fogo poderia consumir a cidade inteira, mas nunca chegaria a Nobori-cho. A bomba destruiu sua casa, e uma viga lhe imobilizou as pernas bem diante dos jesuítas e das pessoas que corriam pela rua. Em sua confusão, a sra. Nakamura, com os filhos, e o padre Kleinsorge, com o sr. Fukai nas costas, mal o viram; o sr. Yoshida simplesmente fazia parte da desgraça geral que os rodeava. Seus gritos de socorro não tiveram resposta; havia tanta gente gritando por socorro que era impossível ouvir um indivíduo isolado.

[...] muitos morriam em decorrência de complicações, como infecções na cavidade torácica. A maior parte das queimaduras cicatrizava, com profundas camadas de tecido fibroso, rosado e elástico, formando queloides [...].

Quarto fator de destaque, a participação dos editores foi decisiva na qualidade do texto e também do conteúdo. Pesou a tradição da *New Yorker* de reescrever seus artigos, sempre que necessário, para dar às edições um padrão de qualidade todo seu. E a maior parte desse mérito tem de ser atribuída a William Shawn, que cumpriu à risca seu papel de avaliar criticamente a reportagem e dar a ela o tratamento devido, como convém a um bom editor.

Em primeiro lugar, a pauta nasceu na cabeça do próprio Shawn. Foi dele a ideia de quebrar o silêncio acerca dos efeitos da bomba sobre a população japonesa. Também foi sua a sugestão de editar tudo de uma única vez, não em uma série de quatro edições, como previsto inicialmente. Quando recebeu o texto de Hersey, percebeu que o impacto seria muito maior se a matéria inteira fosse publicada de uma só vez.

As edições de grandes reportagens em série e até de textos de ficção – que ela também publica – sempre foram a marca registrada da revista. Shawn teve de convencer o dono da *New Yorker*, Harold Ross, que ali havia densidade suficiente para quebrar toda a tradição de textos seriados. E que valia a pena fazê-lo. Não foi fácil, mas conseguiu. Ponto para Shawn. Ponto para Ross. Um caso raro em que a sensibilidade jornalística falou mais alto que a visão empresarial. E que acabou rendendo frutos também do ponto de vista comercial que nem eram esperados pelo dono da publicação.

No papel de editor, Shawn também fez longa lista de apontamentos sobre o texto original de Hersey, indicando o que considerava falhas da primeira versão da reportagem. O autor teve de reescrever boa parte da matéria em uma época que os jornalistas nem sequer sonhavam com os computadores pessoais e seus valorosos recursos de edição. O repórter voltou à máquina de escrever e, mesmo depois de ter refeito o texto, foi alvo de novas observações por parte do editor, sendo obrigado a mexer na matéria ou em partes dela por pelo menos mais duas vezes. No posfácio da edição brasileira, o jornalista Matinas Suzuki Jr. define, com propriedade, a importância das intervenções de Ross e principalmente Shawn no trabalho de Hersey: "É a prova de que ninguém faz bom jornalismo sozinho".

O último dos cinco fatores decisivos a favor do merecido êxito de *Hiroshima* é justamente o ineditismo da matéria. Hersey não revela nenhum dado novo sobre as características da bomba ou o planejamento da nefasta operação. O que ele agrega à consciência internacional é o efeito do artefato sobre suas vítimas. Transforma números em rostos. Embora centre o relato nos seis sobreviventes, o autor cita as reações e os fatos passados com dezenas de pessoas que se encontravam na localidade, naquele que pode ser considerado o dia em que a humanidade se mostrou mais desumana.

A reportagem relata, entre os aspectos surpreendentes para os ocidentais, a vergonha dos sobreviventes. Muitos deles teriam preferido morrer como heróis. Esse é um sentimento impregnado na alma, na cultura japonesa. É preferível morrer pela pátria, como numa espécie de sacrifício por sua grandeza milenar, a passar pela humilhação de sobreviver a uma derrota em que outros sucumbiram. Tanto que os japoneses criaram um termo, *hibakusha*, para designar as vítimas dos efeitos da bomba atômica. Chamá-los de sobreviventes representaria uma desonra àqueles que morreram com bravura. Alguns, inclusive uma das personagens do livro, tomados pela vergonha, mesmo sem a menor condição financeira, recusavam a assistência médica gratuita a que tinham direito:

> [...] na onda de fúria que varreu o país, a devida assistência médica às vítimas das bombas de Hiroshima e Nagasaki finalmente se converteu numa questão política. [...] Os partidos políticos japoneses abraçaram a causa, e em 1957 a Dieta finalmente aprovou a Lei de Assistência Médica às Vítimas da Bomba A. [...] Esses *hibakusha* podiam ter as chamadas cader-

netas de saúde, que os habilitariam a receber tratamento médico gratuito. Revisões posteriores da lei estabeleceram pensões mensais para as vítimas que sofriam de vários efeitos retardados da radiação.

Como muitos *hibakusha*, Nakamura-san se manteve longe de toda a agitação e só uns dois anos depois se deu ao trabalho de retirar sua caderneta de saúde. Pobre demais para ir ao médico, adquirira o hábito de tratar-se sozinha, da melhor maneira possível. Ademais, partilhava com alguns sobreviventes a suspeita de que motivos ocultos inspiravam os políticos participantes das cerimônias e conferências anuais.

Para executar a encomenda da *New Yorker*, Hersey ficou no Japão por pouco mais de vinte dias, de maio a junho de 1946, deslocado da China, sua base como correspondente no Oriente. Depois de mapear o terreno, escolheu seis personagens exemplares, que representavam, no conjunto, o sofrimento médio de toda a cidade. Conversou longamente com cada uma das fontes, colheu uma série de informações e outros depoimentos, observou o que era possível e consolidou com informações gerais acerca do ataque. De volta a Nova York, consumiu seis semanas para concluir o texto e dar a ele o tom exato.

Após quarenta anos da edição original, o autor voltou a seus personagens e fez um breve porém competente resumo da situação de cada um deles. Falou das sequelas, das doenças que acometeram os milhares de *hibakusha*, de como foi a morte daqueles que não resistiram ao passar do tempo, dos sucessos e dos dilemas da vida pessoal e profissional dos seis protagonistas. Esse complemento constitui o capítulo final da atual edição de *Hiroshima*.

Oficialmente, o Japão conta pouco mais de 152 mil mortos em virtude das explosões nucleares em seu território. Hersey representou um pouco de cada um deles ao dar voz à jovem Toshiko Sasaki, à viúva Hatsuyo Nakamura, aos médicos Masakazu Fujii e Terufumi Sasaki (sem parentesco com Toshiko) e aos padres Kiyoshi Tanimoto e Wilhelm Kleinsorge (alemão radicado no Japão). Uma aula de bom jornalismo. Se alguém quiser uma receita de reportagem, *Hiroshima* é um bom modelo. Decerto, um dos melhores.

BIBLIOGRAFIA COMENTADA

OBRAS TEÓRICO-CONCETUAIS

BUCCI, Eugênio. *Sobre ética e imprensa*. São Paulo: Companhia das Letras, 2000. Complexa análise do comportamento ético da imprensa – especialmente brasileira – e de seus principais desvios, a partir de uma abordagem multiangular. Indutor da reflexão sobre as práticas cotidianas do ofício.

COSTA, Cristiane. *Pena de aluguel. Escritores e jornalistas no Brasil – 1904 e 2004*. São Paulo: Companhia das Letras, 2005. Sem estar diretamente relacionado com o exercício do jornalismo, em si, mas em suas relações com a literatura, essa obra traça relevante painel histórico da evolução do jornalismo literário no Brasil e suas implicações para o trabalho de vários escritores-jornalistas.

FORTES, Leandro. *Jornalismo investigativo*. São Paulo: Contexto, 2005. Interessante perfil do jornalismo de investigação – em essência, reportagem – a partir da análise de casos concretos. Complementado pela participação de jornalistas convidados, que expõem seus pontos de vista sobre reportagem e também sobre o aspecto ético. Remete a vários estudos complementares e introduz conceitos de como a informática pode auxiliar nas investigações jornalísticas.

GARCIA, Luiz (org.). *Manual de redação e estilo – O Globo*. São Paulo: Globo, 1992. Reflete a maneira do diário carioca enxergar o jornalismo. Tem rápidos e bons conselhos práticos e pitadas de intervenções éticas.

KOTSCHO, Ricardo. *A prática da reportagem*. São Paulo. Ática, 1986. O autor faz uma rápida descrição das técnicas básicas de reportagem. Obra recheada de exemplos práticos de textos do próprio autor.

LAGE, Nilson. *A reportagem*: teoria e técnica de entrevista e pesquisa jornalística. Rio de Janeiro: Record, 2005. Jornalista, acadêmico e estudioso da prática profissional,

Lage revê vários conceitos da produção profissional sob o ponto de vista da modernização dos métodos de trabalho e da difusão de informações.

LIMA, Edvaldo Pereira. *O que é livro-reportagem*. São Paulo: Brasiliense, 1993. Traça a importância do livro-reportagem como sucedâneo dos periódicos na difusão de informação jornalística. Obra básica para a compreensão do conceito de livro-reportagem.

_____. *Páginas ampliadas*. Barueri: Manole, 2004. Pereira Lima, professor da Universidade de São Paulo e de um curso de pós-graduação em jornalismo literário, examina passo a passo conceito, estrutura e modelos de livro-reportagem. Tem um caráter fortemente acadêmico, mas envereda, também, por questões práticas.

MARTINS, Franklin. *Jornalismo político*. São Paulo: Contexto, 2005. O autor esmiúça a apuração da reportagem política e entra em detalhes sobre a questão ética nesse pantanoso terreno.

NOBLAT, Ricardo. *A arte de fazer um jornal diário*. São Paulo: Contexto, 2003. A pretexto de falar do trabalho diário em jornal, discorre longamente sobre o aspecto prático da produção jornalística e da reportagem em particular. Além disso, trata com seriedade e clareza a questão ética do trabalho jornalístico.

NOVO MANUAL DA REDAÇÃO – Folha de S.Paulo. São Paulo: 1992. Praticamente uma bula de como e sob que concepção é produzido o jornal paulistano. Dividido em verbetes, tem conteúdo totalmente voltado à prática.

SCALZO, Marília. *Jornalismo de revista*. São Paulo: Contexto, 2003. Caprichado trabalho sobre a evolução do jornalismo em revista no Brasil e no mundo.

VILAS BOAS, Sérgio. *Biografias e biógrafos*. São Paulo: Summus, 2002. Análise detalhada do processo produtivo de três importantes biógrafos brasileiros (Fernando Morais, Ruy Castro e Jorge Caldeira) e parte de suas obras (no caso, *Olga, Estrela solitária* e *Mauá*). Interessante para quem quer se especializar no chamado "jornalismo de personagem".

LIVROS-REPORTAGEM

A relação que apresento a seguir é uma escolha absolutamente pessoal. Uma fração desse tipo de bibliografia, reduzida a pouco mais de uma dúzia de casos exemplares.

Internacionais

BERNSTEIN, Carl e WOODWARD, Bob. *Todos os homens do presidente* e *Os últimos dias*. Rio de Janeiro: Livraria Francisco Alves, 1978. Editados originalmente nos Estados

Unidos em 1974, as duas obras se complementam. São, ao mesmo tempo, uma grande reportagem e seu *making of*. Os autores foram os responsáveis pela cobertura do *Washington Post* que resultou na renúncia do presidente Richard Nixon em 1974. Interessantes porque revelam os métodos empregados na apuração. Alguns deles risíveis, como as conversas ao vivo em que a fonte dizia não poder declarar nada e os jornalistas pediam apenas que o informante acenasse se eles estavam no caminho certo ou não. O próprio livro mostra os equívocos proporcionados por esses métodos pouco ortodoxos. As duas obras são muito difíceis de se encontrar hoje em dia. Só é possível achá-las em sebos. Acabaram se transformando no filme *Todos os homens do presidente*, estrelado por Dustin Hoffman (Bernstein) e Robert Redford (Woodward), em 1976.

CAPOTE, Truman. *A sangue frio*. São Paulo: Companhia das Letras, 2003. Relato da chacina de uma família de quatro pessoas no interior do Kansas, nos Estados Unidos, e do processo de prisão, julgamento, condenação e execução por enforcamento dos assassinos. Apesar da polêmica em torno do texto romanceado e de eventuais incorreções, é uma brilhante lição de como contar uma história com riqueza de detalhes e técnica apurada de recursos literários.

HERSEY, John. *Hiroshima*. São Paulo: Companhia das Letras, 2002. Aula de jornalismo do começo ao fim: apuração, texto, edição. Veja o capítulo anterior.

REED, John. *Dez dias que abalaram o mundo*. São Paulo: Global, 1982. A história da Revolução Russa de 1917 contada por um correspondente internacional que a acompanhou de perto – e até simpatizou com ela. É apontado por alguns como precursor do jornalismo literário. No Brasil, são várias as edições (desde 1935), por diferentes editoras. A edição mais recente é de 2003. No fim de 2005 ainda era possível encontrá-lo nas livrarias e sites de compra.

Nacionais

ARRUDA, Roldão. *Dias de ira*. São Paulo: Globo, 2001. Relato denso, com ares de *thriller* policial, sobre o assassinato em série de homossexuais na cidade de São Paulo, em 1986.

BARCELLOS, Caco. *Rota 66*. São Paulo: Globo, 1992. O retrato cru, mas muito bem apresentado, da truculenta polícia paulista dos anos 1970 e 1980, com o enfoque especial sobre um grupo de policiais que atuava no grupo de elite Rondas Ostensivas Tobias de Aguiar, a temida Rota. O material, bem apurado, contou com as reportagens de outros dois jornalistas, mais um trabalho de levantamento e organização de dados feito por colaboradores do autor. Reportagem exemplar.

BLAT, José Carlos e SARAIVA, Sérgio. *O caso da Favela Naval:* polícia contra o povo. São Paulo: Contexto, 2000. Mais uma história de desmando e abuso da autoridade da polícia de São Paulo. Reconstituição criteriosa de um dos crimes de maior repercussão na história recente da maior cidade do país e das tentativas de falsear a investigação. Policiais agrediram e depois balearam o carro de um grupo de trabalhadores que cortou caminho por uma favela da Grande São Paulo. Um dos tiros atingiu e matou um rapaz. Os policiais só não ficaram impunes porque, secretamente, um cinegrafista conseguiu fazer imagens do crime.

CASTRO, Ruy. *Estrela solitária.* São Paulo: Companhia das Letras, 1996. Biografia caprichada de um dos maiores jogadores de futebol do país, Mané Garrincha. O autor reconstitui a vida do personagem, sua infância, seus problemas com o álcool, estripulias dentro e fora de campo e até uma generosa parcela de sua intensa vida amorosa. Um exemplo de biografia.

CUNHA, Euclides da. *Os sertões.* São Paulo: Ateliê, 2003. Edição recente de um clássico. Originalmente, reportagens publicadas no jornal *O Estado de S. Paulo.* Vale pelo relato detalhado, em uma época em que o termo apuração rigorosa não constava no vocabulário da maior parte da imprensa brasileira. Emprega a linguagem empolada do início do século passado, mas tem importância histórica por representar o primeiro livro-reportagem nacional.

GASPARI, Elio. *A ditadura derrotada, A ditadura encurralada, A ditadura envergonhada* e *A ditadura escancarada.* São Paulo: Companhia das Letras, 2002 a 2004. Pela profundidade que o autor retrata o regime militar no Brasil e pela importância do assunto, são livros que todos – especialmente jornalistas – devem ler. Com certeza o trabalho de maior fôlego de reportagem do Brasil. Guarda uma proximidade muito grande com a historiografia.

MORAIS, Fernando. *Chatô, o rei do Brasil.* São Paulo: Companhia das Letras, 1994. Biografia de um dos maiores imperadores da mídia no Brasil, Assis Chateaubriand. Revela com profundidade a personalidade de um personagem inigualável no meio empresarial brasileiro – goste-se dele ou não.

RIBEIRO, Alex. *Caso escola Base:* os abusos da imprensa. São Paulo: Ática, 2003. Esse livro poderia ser chamado de a "metarreportagem". O autor reporta o que deu errado na cobertura do mais rumoroso erro da imprensa brasileira. Revela detalhes dos equívocos de apuração e de julgamento por parte dos veículos. Indispensável para quem quer refletir sobre os critérios de avaliação de notícias e métodos de checagem de informações.

TAVOLARO, Douglas. *A casa do delírio.* São Paulo: Senac, 2001. Concebido como trabalho de conclusão do curso de jornalismo, o jovem autor traça um perfil inquietante do maior manicômio judiciário do país, o de Franco da Rocha, em São Paulo.

PERIÓDICOS CONSULTADOS

Jornais

Folha de S.Paulo
Gazeta Mercantil
Jornal da Tarde
O Estado de S.Paulo
O Globo
A Notícia

Revistas

Realidade – edição especial história 1966-1976
Carta Capital
Imprensa

SITES

www.cbl.org.br
www.canaldaimprensa.com.br
www.penadealuguel.com.br
www.textovivo.com.br
www.faac.unesp.br
www.anj.org.br
http://prof.reporter.sites.uol.com.br/livro.htm
www.nominimo.com.br
www.abraji.org.br
www1.facasper.com.br/facasper/jornalismo
www.ire.org
www.observatoriodaimprensa.com.br
http://prof.reporter.sites.uol.com.br
www.igutenberg.org

AGRADECIMENTOS

A conclusão deste trabalho não teria sido possível sem a colaboração ativa, desinteressada e gentil de algumas pessoas.

Meus especiais agradecimentos a Luciana Pinsky, pelas críticas, sugestões e orientações na fase de produção. A Andréa Háfez, pelas preciosas dicas sobre patrocínio e incentivos fiscais. A Renato Lima, pelas observações sobre pesquisa e leitura de estatísticas. A Christina, minha mulher, pelo carinho, apoio e incentivo de sempre.

Um muito obrigado mais do que especial, em memória, a Gabriel Tranjan Neto, Isis Augusta Loyola e Gabriel J. de Carvalho, meus mestres nas primeiras redações por onde passei.

CADASTRE-SE
EM NOSSO SITE,
FIQUE POR DENTRO DAS NOVIDADES
E APROVEITE OS MELHORES DESCONTOS

LIVROS NAS ÁREAS DE:

História | Língua Portuguesa
Educação | Geografia | Comunicação
Relações Internacionais | Ciências Sociais
Formação de professor | Interesse geral

ou
editoracontexto.com.br/newscontexto

Siga a Contexto
nas Redes Sociais:
@editoracontexto